# TRAITÉ
# DE L'AUTORITÉ
# DES PARENTS,
# SUR LE MARIAGE
## des Enfants de Famille.

Par M. V. J. R. A. E. P.

*Cùm spontanea copula animantia cuncta consociet, dignumque unicumque videatur esse quod placuit : durum est libertatem liberam non habere, undè liberi procreantur.*

CASSIODOR. lib. 7, epist. 40.

A LONDRES,
*Et se trouve*
A NANTES, Chez VATAR, fils aîné, seul Imprimeur-Libraire ordinaire du Roi, Place du Pilori.
A PARIS, Chez DELALAIN, Libraire, Rue de la Comédie Française.
A CAEN, Chez J. MANOURY, fils aîné, Libraire.

*M. DCC. LXXII.*

# PRÉFACE.

JE rentre dans une carriere que j'avois résolu de fuir ; l'amour du repos m'y sollicitoit, peut-être ma foiblesse m'en faisoit-elle un devoir. Mais comment aimer les hommes & n'être pas tenté de détruire les erreurs qui les rendent malheureux, quelque défiance qu'on ait de ses forces ?

Le grand nombre des mauvais mariages m'a étonné ; j'en ai cherché la cause, & j'ai appris que la plupart avoient été formés par l'ambition & la tyrannie des parents.

Je ne me suis pas uniquement reposé sur la foi d'autrui. J'ai observé moi-même la société, & mes observations n'ont pas été superficielles. Je les ai répétées, multipliées, & les exemples en ce genre ſont ſi communs, que, quoique jeune encore, j'ai acquis en peu de temps l'expérience d'un vieillard.

J'ai vu que l'infortune de la plupart des mariages, n'avoit pour principe, que le défaut de liberté & d'inclination des époux, en les contractant.

J'en ai vu, qu'une très-légere inégalité de fortune ou de naiſſance faiſoit manquer ſans retour.

J'ai vu plus; des jeunes gens fondés à ſe croire parfaitement égaux en naiſſance & en fortune, établiſſant, ſur cette égalité, l'eſpoir d'être un jour unis l'un à l'autre, liés de cœur, & même avec l'aveu de leurs parents, tout-à-coup déſunis, par un de ces caprices d'orgueil & d'ambition qu'on ne peut concevoir, & dont les parents croient ne devoir compte qu'à eux-mêmes; livrés par cette déſunion aux chagrins les plus violents, ſans oſer réclamer contre cette barbarie; je les ai vus traîner, juſqu'au tombeau, une vie douloureuſe, dont un ſien mal aſſorti avoit encore aggravé le déſeſpoir.

J'ai remarqué, que plus les différentes ſpheres des Citoyens ſe rapprochoient de celle du Peuple, plus les prétentions de l'orgueil étoient étendues; que ce déſordre alloit en croiſſant de jour en jour; que bientôt il n'y auroit pas un Citoyen qui conviendroit à un autre, & conſéquemment plus de mariage, ou bien peu.

J'ai gémi de cet affreux déréglement dans la ſociété, & des ſuites terribles qu'il entraîne. J'ai été ſurpris que chacun s'en plaignît, que tout le monde y coopérât, & que perſonne n'eût cherché à y apporter de remede. J'ai oſé l'entreprendre, & je ſens bien que j'ai moins conſulté mes talents que mon zele; mais le bien que j'ai cru pouvoir eſpérer de mes efforts, quelque inſuffiſants qu'ils puiſſent être, a ſoutenu ma réſolution. N'empêcherois-je qu'une ſeule violence de ſe commettre, ne procurerois-je qu'un ſeul mariage heureux, je me croirois dédommagé de mes peines.

L'intérêt le plus cher au cœur de l'homme, doit être celui de s'aſſocier une compagne de ſes travaux & de ſes plaiſirs, une confidente ſûre de ſes ſecrets les plus intimes, une amie qui puiſſe lui tenir lieu d'un ami, le conſoler, le ſoulager dans ſes peines, & lui aider à ſupporter le fardeau de la vie; enfin une femme honnête & aimable. Quoique cet objet charmant ne ſoit pas ſi rare que les plaiſants le penſent, & qu'il le ſeroit encore moins ſi l'on ne contrarioit pas tant la nature, cependant la découverte en eſt d'une aſſez grande importance, pour qu'on apporte toute l'attention poſſible dans la recherche qu'on en fait; & l'homme le plus libre dans ſon choix, ayant bien de la peine à le trouver, on ne doit jamais, ou preſque jamais avoir ce bonheur, lorſque cette compagne, sans consulter le goût de celui auquel on l'associe, lui est presentée par les mains d'autrui.

Les entraves qu'on donne à l'homme dans ce choix, ne peuvent donc être que très-préjudiciables à sa félicité, & ne doivent pas être multipliées plus que la constitution du gouvernement auquel il est subordonné ne l'exige.

Or, j'ai examiné la constitution de notre gouvernement, j'en ai comparé les principes avec la délicatesse outrée des parents, & j'ai remarqué qu'elle n'entroit pas dans ces principes. Dès lors j'ai soupçonné qu'un abus contraire à la constitution ne pouvoit être autorisé par la loi. J'en ai pesé les termes, j'en ai recherché l'esprit, & j'ai été convaincu qu'elle ne l'autorisoit pas. Je me suis hâté de prévenir les malheurs qui en résultent, & j'ai cru pouvoir y réussir, en faisant part au Public de mes réflexions, qui pourront néanmoins déplaire à quelques peres déraiſonnables : voilà toute l'hiſtoire de mon ouvrage, ſur l'exécution duquel j'ai été long-temps embarraſſé.

D'un côté, la nature des préjugés que j'avois à combattre exigeoit que je n'y euſſe pas employé la ſeule raiſon, qui ne ſuffit preſque jamais pour détruire le préjugé, & que j'euſſe appuyé mes réflexions, même dans la partie morale, d'autorités dont l'eſtime publique a conſacré le mérite.

D'un autre côté, le goût du ſiecle, ennemi de toutes citations, de toutes remarques d'érudition, m'effrayoit.

Cependant, comme j'ai réfléchi que, pour peu qu'on fît attention au genre de mon ouvrage, je ſerois aiſément juſtifié dans l'eſprit des gens ſenſés ; je n'ai pas cru devoir ſacrifier au goût de quelques lecteurs ſuperficiels, une partie auſſi eſſentielle que celle des citations, au but que je me propoſois, de démontrer avec autant d'évidence qu'il étoit poſſible, aux gens même ſur qui les autorités ont plus d'empire que la raiſon, la fauſſeté des préjugés nuiſibles, toujours trop difficiles à détruire, & contre leſquels on ne doit conſéquemment rien négliger, ſi l'on n'a pas l'amour propre de croire qu'un ſentiment iſolé prévaudra contre une prévention générale.

Quoique mes notes ſoient nombreuſes, il ne ſera pas difficile de s'appercevoir que j'en aurois pu mettre beaucoup d'autres; car, dans les recherches laborieuſes que j'ai faites, il m'a reſté un grand nombre de matériaux intéreſſants dont j'ai fait, à regret, le ſacrifice, quoique j'euſſe pu en faire un uſage très-utile, ſi je n'avois pas craint qu'on me taxât de prolixité.

Au reſte, par les renvois que j'ai eu l'attention de faire des citations & des notes au bas des pages, j'ai pris la conſtruction la plus avantageuse à mon ouvrage, & j'ai laissé, aux lecteurs paresseux, la ressource de les passer. Pour ceux qui sont faits pour lire tout, je leur conseille de ne s'occuper des notes qu'à la seconde lecture, pour n'en pas perdre l'enchaînement à la premiere.

Tout mon objet a été de diminuer les chaînes qu'on donne à l'homme dans le mariage. Je n'ai pas voulu, néanmoins, pousser les choses à l'excès, comme un Ecrivin célebre (*a*) de notre siecle, qui prétend qu'*un pere, fût-il Prince, fût-il Monarque, doit donner à son fils la femme qui a avec lui le plus de convenances de goûts, d'humeur, de caractere, fût-elle née dans la famille la plus déshonnête, fût-elle la fille du bourreau.* Ce qui peut être admis dans la rigueur de la Philosophie, souvent ne doit pas l'être dans la politique ; &

(*a*) M. Rousseau, de Genève, tom. 4 d'Emile.

comme j'avois pour but de ne rien proposer qui ne fût d'une exécution possible dans notre gouvernement, je n'ai pas seulement raisonné dans le systême de la nature, j'ai encore raisonné dans le systême de la constitution.

On ne s'est pas encore apperçu que la facilité avec laquelle les mariages se font dans les Etats dont le Gouvernement est assez analogue au nôtre, comme l'Espagne, l'Italie & l'Angleterre, en ait altéré la constitution. S'il résulte quelques abus de cette facilité, ils sont rachetés par de grands avantages; au lieu que, s'il résulte quelques légers avantages du systême contraire, ils sont bien affoiblis par les abus & les maux beaucoup plus grands qui en sont la suite.

J'ai donc cherché à rendre les mariages plus faciles, non à révolter les enfants contre leurs parents. J'ai exposé, avec le plus de précision qu'il m'a été possible, & néanmoins avec toute l'étendue qu'exigeoit l'importance de la matiere, sans en dissimuler toute la rigueur, les dispositions de la loi, pour en faire sentir l'esprit, pour faire connoître aux enfants, également qu'aux parents, leurs devoirs réciproques, les limites exactes de la soumission des uns, comme de l'autorité des autres, & pour les mettre à lieu de comparer mes idées avec la vérité.

Cet ouvrage n'est pas seulement un Traité de Jurisprudence, il sera facile de s'en appercevoir; je crois que cette circonstance, jointe au peu de secours que j'étois dans le cas de trouver dans une aussi petite Ville que celle que j'habite, doit me ménager quelque indulgence sur les fautes qui auroient pu m'échapper dans cette partie, malgré l'attention pénible que j'y ai donnée.

Il entroit encore dans mon plan d'associer la Morale à la Jurisprudence, ce qui doit me garantir du reproche déplacé que pourroit m'attirer cette espece de nouveauté, dont il ne me paroît pas qu'on se soit encore avisé, quoique les Jurisconsultes n'eussent peut-être point mal fait de ne pas tant négliger la Morale dans les Traités qu'ils nous ont donnés; car la Jurisprudence étant fille de la Morale, ou plutôt la Morale même réduite en préceptes, elles ont une liaison trop intime pour les séparer dans les Traités de Droit, sans inconvénients, & sans que la justesse & la solidité des raisonnements y perdent au moins quelque chose, parce qu'elles se prêtent un secours mutuel pour l'éclaircissement de leurs principes: c'est le flambeau de la Philosophie qui a dû guider les législateurs; c'est donc à ce flambeau que leurs interpretes doivent éclairer les loix, & l'on peut dire qu'il n'y a de vrai Jurisconsulte que celui qui est en même-temps moraliste & politique, que celui qui connoît les principes généraux des mœurs & les modifications qu'elles ont dû prendre, relativement aux principes particuliers du Gouvernement où il vit.

Si j'ai rempli cette tâche difficile, ce n'eſt pas un ſuccès médiocre. Si je ne l'ai pas remplie, cela ne prouve pas qu'il ſoit impoſſible d'y parvenir. J'aurai du moins réuſſi à en donner l'idée, & ce ſera beaucoup.

# TRAITÉ
## DE L'AUTORITÉ DES PARENTS,
### *ſur le Mariage des Enfants de Famille.*

## CHAPITRE PREMIER.

### *INTRODUCTION.*

PRENDRE la cauſe du cœur humain contre les ſophiſmes des paſſions d'autrui, qui travaillent à détruire l'empire de la nature pour y ſubſtituer celui d'une injuſte tyrannie, c'eſt ſervir l'humanité, la patrie, la religion même.

Sans vouloir affoiblir les droits juſtes & ſacrés qu'ont les parents ſur les enfants, j'entreprends de leur démontrer que leurs droits, ſur le mariage de ces mêmes enfants, ne ſont pas auſſi étendus qu'ils l'imaginent; c'eſt-à-dire, qu'ils ne ſont pas illimités, mais que la raiſon & l'eſprit de la loi concourent également à leur preſcrire des bornes légitimes.

Par-tout l'abus eſt à côté des loix, ſur-tout lorſqu'elles tendent à donner à des hommes la ſupériorité ſur d'autres hommes. L'orgueil étend ſes prétentions à l'infini; & lorſque parmi les peuples civiliſés ou corrompus, ce qui eſt à peu près la même choſe, il ſe trouve en concurrence avec les affections naturelles, elles lui ſont preſque toujours ſacrifiées, parce que, dans la ſociété, elles ſont ſans ceſſe dépravées ou étouffées par les préjugés.

Faut-il donc que l'homme ſoit toujours dans les fers? En naiſſant, enchaîné dans ſon berceau, il continue de l'être pendant ſon enfance, par les précautions meurtrieres des auteurs de ſes jours, ou par des tyrans à gages; & l'époque de ſon adoleſcence, qui, en l'avertiſſant du moment déſigné par la nature pour s'unir à un autre individu, devroit être celle de ſa liberté, (1) eſt au contraire celle de ſon plus rigoureux eſclavage.

Heureux du moins l'homme qui naît libre par nature, ſi le ſacrifice qu'il fait de ſa liberté à la ſociété n'étoit point aggravé par le deſpotiſme que s'arrogent, contre le véritable intérêt de cette ſociété, les membres qui la compoſent; la ſûreté

(1) *Nuſquam libertas tam neceſſaria quam in matrimonio eſt. . . Quis enim amare alieno animo poteſt.* V. Quintil. Déclam. 257 & 376.

que

que lui garantit la protection du corps politique; pourroit être regardée comme une compensation de ce sacrifice modéré. Mais, quoiqu'il répugne à la raison que l'homme sacrifie une plus grande portion de liberté que ne l'exige le contrat social, puisque l'excès de ce sacrifice seroit inutile & même contraire à l'esprit de la loi, qui tend sans cesse à le réprimer, cependant les bornes de son esclavage légal sont sans cesse reculées, par les usurpations d'une autorité mal entendue, au-delà du terme qu'a fixé la constitution dans laquelle il naît : c'est ce qu'il est facile de remarquer dans l'autorité des parents, sur le mariage de leurs enfants. Il n'en est aucune dont on abuse d'avantage, sur-tout en France où la prévention est que cette autorité est sans bornes.

De ce faux principe résulte le refus du consentement des parents dans les cas les plus favorables, & l'invincible obstination avec laquelle ils croient que leur volonté seule décidera de l'établissement de leurs enfants : *sit pro ratione voluntas.* Delà, cette fausse prévention qu'une légere inégalité, soit dans les biens, soit dans les conditions, qui souvent n'a d'existence que dans leur imagination orgueilleuse ; la haine, l'envie, l'ambition, & plusieurs autres motifs subalternes, souvent même le seul caprice, sont des raisons suffisantes pour les autoriser, soit à refuſer leur conſentement, ſoit à le révoquer, s'il eſt donné; preſque tous ſont, à plus forte raiſon, bien éloignés de penſer que le recours au Magiſtrat ſoit ouvert contre leurs injuſtices, & qu'il puiſſe contrarier leurs réſolutions, quelque déraiſonnables qu'elles ſoient.

Quels ſont les funeſtes effets de ce déplorable aveuglement ? L'expérience nous en offre l'effrayant tableau.

Dans les différentes claſſes des Citoyens, il n'en eſt aucune; & dans chaque claſſe, il n'eſt aucune famille où les mariages n'éprouvent quelques difficultés. Ce n'eſt qu'après bien des peines que deux Citoyens parviennent à s'unir, & tout le monde n'eſt pas capable de conſtance, ſurtout quand elle n'eſt pas ſoutenue par l'eſpoir que ne peuvent avoir des enfants auxquels les parents font ſucer avec le lait le venin de leurs préventions; ils n'oſeroient même s'imaginer qu'il ſoit poſſible légitimement de chercher les moyens de vaincre l'obſtination criminelle de leurs parents, & les inclinations les plus fortes ſont ſacrifiées aux plus odieux préjugés.

Delà ces vœux meurtriers d'un célibat perpétuel que fait prononcer à un cœur délicat le déſeſpoir de ne pouvoir être uni à l'objet que la ſympathie la plus tendre & la convenance des caracteres lui rendoit cher, excluſivement à tous les autres objets, & c'eſt peut-être la ſource la plus féconde de la dépopulation.

Delà, pour des cœurs plus timides ou moins délicats, ces unions indiſcrettes & téméraires que forme la crainte, qu'un dégoût invincible empoiſonne, & dont les crimes les plus ſcandaleux & les plus nuiſibles à la paix publique, ſont la ſuite malheureuſement trop commune.

Delà, enfin, un état toujours malheureux pour les déplorables victimes qui choiſiſſent entre ces deux ſacrifices également révoltants pour la nature.

Ce qui devroit mettre des bornes à l'autorité des parents, ſur le mariage de leurs enfants, eſt préciſément ce qui leur fait croire qu'elle n'en a pas : ce ſont les droits de la nature. Je répete encore une fois, que je ſuis bien éloigné de vouloir affoiblir ces droits renfermés dans leurs juſtes bornes, ni en altérer le ſacré caractere. Ils ſont conſacrés par la religion, ils ſont les liens les plus forts de la ſociété : la main qui chercheroit à déplacer leurs bornes légitimes, ſeroit donc ſacrilege? Je conviens que les enfants ne peuvent, ſans crime, manquer de conſulter leurs parents dans une affaire auſſi intéreſſante pour la famille, que l'eſt leur mariage; c'eſt une conſéquence néceſſaire du reſpect & de l'amour qu'ils leur doivent de droit naturel, & c'eſt pour cela que les loix sévissent contre les enfants qui manquent au devoir indispensable de prendre conseil de leurs parents, & même d'y déférer lorsqu'ils contrarient raisonnablement leurs inclinations : mais, croire que les droits de la nature étendent à l'infini une autorité qui gêne & réprime ses impulsions, qu'elle ne doit cependant contrarier qu'autant que la loi ou la constitution autorisent cette violence; croire qu'il dépend de parents capricieux d'empêcher un mariage qu'ils ne goûtent pas, quelque frivoles ou quelque criminels même que soient leurs motifs de refus; c'est de toutes les erreurs la plus absurde & la plus funeste, & cependant la plus répandue & la plus invétérée.

Il est donc extrêmement important au bonheur de l'homme & de la société, pour réprimer les pernicieux effets de l'opinion outrée des parents sur l'étendue de leur autorité, de détruire cette erreur; & pour le faire avec succès, il faut tâcher d'en détruire la cause qui est l'ignorance presque générale de l'esprit de la loi, source féconde de tant de préjugés nuisibles à la félicité publique, & qu'il seroit à desirer que des mains habiles, appuyées par l'autorité, tâchassent de détruire en toute autre matiere.

Pour opérer méthodiquement, je partirai des premiers principes, & j'établirai;

1°. Que le consentement des parents au mariage de leurs enfants, n'est pas nécessaire de droit naturel pour sa validité.

2°. Que ce consentement ne seroit pas même nécessaire pour la validité du mariage des enfants, dans une société sans loix sur cet objet, ou dont la constitution ne l'exigeroit pas.

3°. J'établirai que, conséquemment, la nécessité de ce consentement est uniquement fondée sur la volonté des législateurs, soit expresse, soit tacite, dans la forme de la constitution ; & qu'elle a dû être, en l'un & l'autre cas, la progression de l'autorité des parents sur le mariage de leurs enfants, suivant l'exposé que je ferai des loix en général sur cette matiere.

4°. Je passerai ensuite aux loix particulieres de France sur le même objet ; & comme ce sont celles-là qui nous intéressent le plus, je tâcherai de m'étendre autant qu'il sera nécessaire, pour faire connoître aux gens peu familiarisés avec les loix, (que j'ai pour principal objet dans ce Traité,) l'esprit d'indulgence en même-temps que l'esprit de rigueur de ces loix.

5°. C'est pour parvenir à ce but, que j'exposerai d'abord les précautions du législateur contre la violation de ces loix.

6°. Je traiterai, par chapitres séparés, comme étant d'une trop longue discussion, des peines contre le rapt.

7°. De la caſſation du mariage.

8°. De l'exhérédation.

9°. Après avoir expoſé ces loix, leurs reſtrictions & leurs modifications, je tâcherai d'y faire appercevoir l'intention du légiſlateur.

10°. Je prouverai que le refus du conſentement fondé ſur l'inégalité modérée de fortune ou de conditions, n'entre point dans l'intention du légiſlateur.

11°. J'établirai que la révocation du conſentement par les mêmes motifs, ou d'autres qui pouvoient être prévus avant de le donner, eſt, auſſi-bien que le refus du conſentement, contraire à cette intention.

12°. Après avoir, par une gradation méthodique, préparé les plus opiniâtres à la perſuaſion, & après avoir amené à ce point la démonſtration que je m'étois propoſée des véritables bornes de l'autorité des parents ſur les mariages des enfans, & du peu de faveur accordée, au-delà de ces bornes, à une autorité auſſi gênante pour la nature, je tâcherai de porter la conviction dans les eſprits, en faiſant voir combien l'inclination des cœurs eſt, au contraire, digne de faveur, lorſque les loix ou la conſtitution ne s'oppoſent pas à leur ſatisfaction.

13°. Enfin je prouverai que, ſi la raiſon ne peut vaincre l'obſtination des parents, les enfants ont la reſſource de recourir aux Magiſtrats qui peuvent les autoriſer à contracter mariage, malgré le refus ou la révocation du conſentement de leurs parents, s'ils ne ſont pas fondés ſur des raiſons ſolides & admiſes par la loi.

14°. Je terminerai par une récapitulation générale qui, en réuniſſant ſous un ſeul point de vue la gradation des vérités que j'aurai démontrées, formera, par cette réunion, un corps de démonſtration aſſez fort pour opérer une conviction complette dans les eſprits juſtes, & pour inſpirer aux parents raiſonnables l'indulgence & la droiture que la loi exige d'eux pour le mariage de leurs enfants.

# CHAPITRE II.

*De l'autorité des parents, sur les mariages des enfants, dans l'état de nature.*

IL suffit de ne pas confondre l'état de nature avec l'état social, pour convenir que, dans le premier état, l'autorité des parents ne s'étend pas jusques sur le mariage de leurs enfants, & que leur consentement n'est pas nécessaire pour sa validité.

Dans l'état de nature, l'homme ne tient à d'autres liens qu'à ceux de ses besoins & de ses appétits, qui seuls lui prescrivent les regles qu'il doit suivre, pour les satisfaire. Or, ces regles ne sont autres que l'attrait que lui inspire la perception des rapports naturels de l'objet de ses desirs, avec sa maniere de voir & de sentir.

Dans l'état social, au contraire, l'homme est réprimé par les liens de la constitution sociale où il vit. Ses appétits doivent être circonscrits dans les bornes plus ou moins étendues que leur a prescrit l'harmonie du gouvernement; de-sorte qu'il doit régler les rapports naturels par les rapports conventionnels, & renfermer sa volonté dans la chaîne de la volonté générale.

Dans l'état de nature, l'homme n'a rien à

écouter que la voix impérieuſe de ſes deſirs ; car, à qui importeroit-il dans cet état, qu'il écoutât des voix étangeres ?

Dans l'état ſocial, il eſt extrêmement important, au maintien de l'ordre politique, que cette voix ſoit d'uniſſon avec celle de la volonté générale.

Or, comme la nature eſt antérieure à toutes les inſtitutions ſociales (2), & qu'elle eſt dans l'homme ; ſouvent il n'eſt pas aſſez fort, ſeul, pour ſoumettre ſes flatteuſes impulſions à l'impulſion coërcitive & gênante de la volonté générale ; c'eſt alors qu'il a beſoin de la force étrangere & réprimante, que la ſociété confie aux parents, juſques dans un âge avancé.

Mais dans l'état de nature, l'homme n'a beſoin d'être réprimé par aucune force étrangere. A l'exemple des autres animaux, il ne reſte lié aux auteurs de ſes jours que pendant ce temps de foibleſſe & d'impuiſſance où il ne peut, ſeul, pourvoir à ſa ſubſiſtance & à la conſervation de ſa vie (3). Auſſi-tôt que la nature lui a

---

(2) Mais la coutume . . . . eh bien ! elle eſt cruelle,
Et la nature eut ſes droits avant elle.

*VOLTAIRE, Com. de Nanine.*

(3) Le pouvoir paternel, proprement ainſi nommé, conſiſte à élever & gouverner ſes enfants pendant qu'ils ne ſont pas en état de ſe conduire eux-mêmes. Il ne s'étend donc pas juſqu'à annuller le mariage des enfants, puiſque les mariages ne ſe font, & ne ſe doivent faire, qu'entre ceux qui ſont en âge

donné assez de force pour se passer des secours étrangers, il n'est plus subordonné à l'autorité d'autrui. (4) Sa dépendance cesse, & le même sentiment de force qui le livre à lui-même, lui inspire l'envie d'en faire l'essai, & d'en communiquer la surabondance, pour se reproduire. Le feu circule dans ses veines, & cherche à déployer son activité. Il porte des regards brûlants sur tous les objets qui l'environnent : sur lequel tombera son choix (5)?

---

de se conduire. Le respect & la déférence qu'on doit avoir pour ses parents, demandent, sans contredit, qu'on les consulte dans une affaire de cette importance, & qu'on suive leur volonté; mais il ne s'ensuit point de là, que, si l'on s'est marié contre leur consentement, le mariage soit nul; car l'obligation d'écouter & de respecter les conseils d'autrui, n'ôte pas, par elle-même, le droit de disposer de son bien & de sa personne. *Puffendorff, du Droit de la nature & des gens*, *liv. 6*, *chap. 2*, §. 14.

Si l'enfant qui se marie, sans le consentement du chef de famille, peche, dit *Grotius*, contre le respect qu'il lui doit, un tel manquement ne suffit pas pour annuller l'acte. *liv. 2*, *chap. 5.* §. *10*, *nomb. 3*, *du Droit de la guerre & de la paix. V. de plus, le Discours sur l'origine & les fondements de l'inégalité parmi les hommes, seconde partie, par M. Rousseau de Genève.*

(4) *Omnes homines naturâ sunt pares, in his quæ pertinent ad prolis generationem.* S. Thomas, 2. 2. q. 104, art. 6.

(5) Je crois bien que dans l'état de nature, toutes les femmes étant également propres à satisfaire les besoins de l'homme, il n'est pas décidé, dans son choix, par l'idée factice de beauté, qui n'a dû naître que de l'état social, comme le prouve le peu d'uniformité d'opinions des différentes sociétés d'hommes, sur le vrai caractere de la beauté, que les unes placent, comme à la Chine, dans un petit pied cassé, qui ne nous paroîtroit que dégoûtant; les autres, comme en Guinée & en Macassar, dans un nez écrasé, & dans de grosses levres, qui ne pourroient nous faire qu'horreur. Aussi n'est-ce pas du goût produit par la beauté conventionnelle, que j'entends parler; mais de ce goût qui naît de l'instinct, dans l'état de nature; de cette perception, purement physique, des rapports naturels, qui fait naître la sympathie, & qu'on remarque même dans les bêtes, qui ont certainement des goûts de préférence.

La nature n'y oppose aucun obstacle, mais l'état social met un frein à son indépendance. Il lui marque les limites précises où il peut porter les droits du cœur, sans blesser ceux de la société; soit que son choix resserre, soit qu'il étende ces limites, il intervertit également l'ordre social.

De ce que je viens de dire, il est aisé de conclure que l'établissement du consentement des parents au mariage des enfants, ne peut remonter avant l'établissement des sociétés; car il ne peut être intéressant à des hommes dispersés & isolés sur la terre, dont le bonheur est indépendant des actions de chaque individu, que tel homme s'unisse plutôt à telle femme qu'à telle autre : il s'ensuit conséquemment que ce consentement n'est pas nécessaire de droit naturel. Il faut donc revenir, avec tous les Auteurs qui ont parlé sur cette matiere, à la distinction judicieuse de deux états où ils considerent l'homme. L'état de nature, & l'état de famille, formant la société par aggrégation, il faut conséquemment envisager les parents sous deux caracteres; sous celui que leur donne la nature, & sous celui que leur donne la famille, & dire avec les Auteurs qui ont traité du droit naturel, tels que *Grotius* (6),

(6) Du droit de la guerre & de la paix, *liv.* 2, *chap.* 6, §. 10, *nom.* 3 & 4.

*Puffendorff* (7), *Wolff* (8), que le défaut de consentement des parents, considérés sous le premier caractere, ne rend pas le mariage des enfants de famille nul. Je vais examiner si le défaut de consentement des parents, considérés sous le second caractere, ne peut être éludé, dans l'hypothese d'une société même sans loix sur cet objet, ou dont la constitution ne l'exigeroit pas, sans préjudicier à la validité du mariage.

---

(7) Du droit de la nature & des gens, *liv.* 6, *ch.* 2, §. 14.

(8) Principes du droit de la nature & des gens, extraits par M. Formey, *liv.* 7, *chap.* 4, *art.* 156.

# CHAPITRE III.

*De l'autorité des parents, ſur le mariage des enfants, dans une ſociété dont les loix ou la conſtitution ne l'exigent pas.*

On ne peut pas dire que, dans l'état d'une ſociété dont les loix ou la conſtitution n'exigent pas le conſentement des parents au mariage des enfants, le défaut de conſentement, & même de requiſition de ce conſentement, pourroit préjudicier à la validité du mariage; car, dans l'hypotheſe d'une pareille ſociété (9), l'état de nature ne ſeroit altéré en rien à cet égard, & nous avons vu que, dans l'état de nature, ce défaut ne pourroit opérer la nullité du mariage; puiſque, dans cet état, dès que les enfants ſont capables de propager leur eſpece, ils deviennent parfaitement indépendants de leurs parents; de ſorte que, dans une ſociété où le légiſlateur n'auroit pas établi la néceſſité de ce conſentement,

(9) Il eſt évident que *Grotius* & *Puffendorff* ſuppoſent une ſociété de cette eſpece, en raiſonnant, comme ils font; car, pourquoi diroient-ils que le défaut de ce conſentement ne peut annuller le mariage, s'ils ſuppoſoient une ſociété dont les loix l'annulleroient, faute de ce conſentement. *Puffendorff* dit, même formellement, que *dans un état, chacun eſt cenſé avoir la permiſſion de ſe marier à qui il veut, lorſque cela n'eſt point défendu par quelque loi expreſſe, ou par une coutume qui ait paſſé en loi.*

ſoit par une loi expreſſe, ſoit par la forme eſſentielle de la conſtitution, il ne ſeroit pas plus néceſſaire à la validité du mariage, que dans l'état de nature; & il ne faut pas croire qu'une ſociété de cette eſpece ſoit une chimere; car, outre qu'il y a pluſieurs Gouvernements où l'on n'a jamais ſongé à établir la néceſſité de ce conſentement, c'eſt qu'on peut fort bien ſe figurer des Gouvernements où cette précaution ſeroit inutile. Un Gouvernement, par exemple, dans la conſtitution duquel n'entreroit pas l'inégalité abſolue, & où l'honneur ne dépendroit pas de la régularité des mœurs, ou de la punition des contraventions aux loix, quel intérêt auroit-il à établir cette formalité? d'empêcher les méſalliances? Peut-il s'en trouver, entre des Citoyens égaux en naiſſance, auſſi riches ou auſſi pauvres, & auſſi peu tachés les uns que les autres? D'empêcher de combler l'intervalle qu'il y a entre ceux qui occupent les premieres places du Gouvernement, & ceux qui occupent les dernieres? Mais, un pareil motif ne pourroit ſe ſuppoſer dans le Gouvernement dont nous parlons, puiſque les droits de la naiſſance n'y appelleroient pas, aux premieres places, tous les Citoyens indiſtinctement, mais le mérite ſupérieur, ſeul.

Si donc un tel Gouvernement établiſſoit la

loi du consentement des parents au mariage de leurs enfants, ce ne seroit que par complaisance pour les caprices de ces parents, & pour leur donner une vaine domination, aussi inutile au bien public qu'elle seroit nuisible à la liberté originelle que la nature a donnée à tous les hommes, & à la propagation de l'espece humaine; d'où il s'ensuivroit qu'une telle loi ne lieroit les enfants qu'autant qu'ils le voudroient bien, & pourroit être violée sans crime, parce qu'il n'est pas permis d'établir des loix contraires au droit naturel, sans utilité pour le Gouvernement; ou de telles loix n'obligent qu'au cas que leur violation occasionneroit plus de troubles publics, par les efforts qu'on feroit pour les éluder, que leur observation ne causeroit de maux particuliers, par les violences infructueuses qu'on feroit à la nature pour les observer.

Il faut donc conclure que, dans une société dont les loix ou la constitution ne donneroient aucune autorité aux parents sur le mariage de leurs enfants, le défaut de leur consentement & l'omission même de le réquerir ne préjudicieroient pas davantage à la validité du mariage, que dans l'état de nature : il faut donc en venir à une législation positive sur cet objet.

## CHAPITRE IV.

*Des Loix en général, touchant l'autorité des parents sur le mariage des enfants; & de la progression de cette autorité.*

DE ce que le consentement des parents au mariage de leurs enfants n'est pas nécessaire, pour sa validité, ni dans l'état de nature, ni dans une société sans loix sur cet objet, ou dont la forme de la constitution ne l'exigeroit pas, il est conséquent de dire avec *Grotius*, que les loix qui déclarent nuls les mariages faits, sans ce consentement, sont uniquement fondées sur la volonté des Législateurs, manifestée, soit dans des réglements positifs, soit tacitement dans la constitution dont la forme exige cette précaution pour sa stabilité.

Voici quelle a dû être dans l'un & l'autre cas la progression de cette autorité.

Au commencement du gouvernement naissant, l'autorité domestique doit être plus étendue, plus sévere, plus indépendante, que lorsque les fondements de ce gouvernement sont affermis, parce qu'une société naissante est obligée, pour accélérer sa formation, de confier à chaque chef de famille (10) le soin de maintenir l'ordre.

(10) M. Joly de Fleuri, Avocat général au Parlement de

l'ordre politique & constitutif de son gouvernement, n'ayant d'abord que peu ou point de loix qui puissent la décharger de ce soin : mais à mesure que l'expérience & une sage prévoyance multiplient les loix coërcitives, l'autorité domestique doit diminuer (11).

Ainsi, aussi-tôt que les loix ont pourvu suffisamment au maintien de l'ordre public, on doit ôter aux chefs de famille toute autorité politique sur leurs enfants. Je dis politique, c'est-à-dire, qu'il ne doit pas dépendre de leurs caprices d'empêcher les mariages raisonnables, & qu'au contraire, l'Etat doit autoriser les enfants à les contracter, malgré le défaut de leur consentement : mais à l'égard de l'autorité naturelle, telle que le droit qu'ont les parents à l'a-

---

Paris, étoit bien persuadé que les parents n'ont leur autorité sur les mariages, que comme un dépôt que leur confie le gouvernement; quand il dit, lors de l'Arrêt du 16 Juillet 1711, rapporté au Journal des Audiences, tom. 6, liv. prem. chap. 28, que « ce n'est pas la puissance paternelle, en elle-même, qui a » ce droit; mais le Concile de Trente, ne dit pas que l'Eglise » & les Puissances séculieres ne puissent donner ce pouvoir à » l'autorité paternelle, en établissant le consentement, comme » une forme essentielle.

(11) Ces principes sont bien éloignés de ceux de l'Auteur *de la Théorie des Loix civiles*, qui embrasse un systême contraire à celui de presque tous les autres Auteurs, que je préfere, parce qu'ils l'appuyent de raisons plus solides, & qu'ils sont d'autant moins suspects de partialité, dans leurs opinions, que la plupart étoient peres, & par conséquent entraînés par l'amour propre à soutenir leur autorité, si la raison n'eût pas été leur premiere regle.

mour & au respect de leurs enfants, c'est, pour eux, un droit de propriété sacré, dont nulle sorte de puissance ne peut les dépouiller, parce qu'elle est établie par la natute, & qu'elle est indépendante de toute constitution politique: de sorte que, par une suite de cet amour & de ce respect, les enfants doivent toujours requérir le consentement de leurs parents, sans être obligés de l'obtenir, & sans que l'omission de requisition même, quoiqu'elle soit repréhensible, comme contraire à l'amour & au respect dû aux parents, puisse préjudicier à la validité d'un mariage conforme à la volonté du gouvernement: car, il ne s'ensuit pas de là, comme le dit *Puffendorff*, que si l'on s'est marié contre leur consentement, le mariage soit nul, l'obligation d'écouter & de respecter les conseils d'autrui, n'ôtant pas, par elle-même, le droit de disposer de son bien & de sa personne.

Ces principes ne paroîtront point outrés, si l'on veut faire réflexion que l'autorité politique dont les parents ont été revêtus à la naissance des gouvernements, n'étant qu'un dépôt que l'impuissance & l'insuffisance des loix ont forcé la société de leur confier, elle ne doit rester entre leurs mains qu'autant que la raison de ce dépôt subsiste. Or, une législation suffisante détruit cette raison, & doit conséquemment ôter aux parents, une autorité qui n'appartient qu'au corps politique, & dont les particuliers peuvent abuser, comme l'expérience ne le prouve que trop: car, quelque confiance qu'on ait aux tendres mouvements des entrailles paternelles, l'orgueil humain étouffe souvent les cris de la nature (12), & le plaisir de faire valoir leur domination, plaisir si puissant chez tous les hommes, l'emporte souvent sur la tendresse, dans le cœur des parents dénaturés. L'amour propre leur fait préférer la satisfaction personnelle à la satisfaction de ceux qui sont les plus intéressés dans leur choix. Il est donc très-important que le gouvernement reprenne une autorité qu'il n'avoit confiée que faute d'une législation suffisante, lorsque son insuffisance est réparée. Aussi voyons-nous dans l'histoire des nations, qu'on a suivi assez généralement la progression dont je viens de parler. Si les différents gouvernements n'ont pas repris entiérement l'autorité politique, c'est que presque tous ont eu une longue enfance, dont plusieurs ne sont pas encore sortis, & que

---

(12) La Loi, dit M. *de Lamoignon*, Avocat général, lors de l'Arrêt du Parlement de Paris, du 26 Février 1675, rapporté au Journal des Audiences, tom. 3, liv. 2, chap. 2, » la Loi qui avoit » armé le pere, plutôt pour ménacer que pour punir, craignant » qu'il ne se trouvât des peres assez farouches pour oublier tout-» à-fait leur sang, leur prescrivit des bornes; & les causes » d'exhérédation qui étoient auparavant incertaines, furent réduites » à quatorze par Justinien.

leur législation n'a pu conséqueinment se perfectionner: mais, quoi qu'il en soit, il en est quelques uns qui nous offrent cette progression. Dans leur origine, les Perses, les peuples de la haute Asie, les Hébreux, & plus près de nous, les Romains & les Gaulois avoient droit de vie & de mort sur leurs enfants (13). Ce droit barbare ne s'est aboli que très-lentement, à la vérité, chez ces différents peuples, tant l'orgueil & l'amour de la domination a de force, pour entretenir, parmi les hommes, les coutumes les plus cruelles ; & pour en revenir à ce qui concerne

---

(13) Quelque partisan que je sois de la puissance paternelle, & de la loi sacrée de la dépendance des enfants, je craindrois de donner bien mauvaise opinion de moi, si je cherchois à persuader, comme *Bodin* s'est efforcé de le faire au chap. 4 du liv. prem. de sa république, qu'il faut rendre aux peres le droit de vie & de mort sur leurs enfants. Ce qui peut être nécessaire chez des peuples barbares & sans loix, ne peut l'être chez des peuples qui ont des loix étendues & prévoyantes, & dont les mœurs douces assurent aux peres les égards qui leur sont dus. L'abus que firent les enfants, dans les principes de l'adoucissement des loix, ne doit pas être une raison pour prouver la nécessité du rétablissement d'un pareil droit: tels sont les effets ordinaires du relâchement, dans les commencements, qu'une liberté trop longtemps gênée, se livre d'abord aux excès, comme pour se dédommager d'un esclavage encore récent; mais de pareils effets n'ont pas de suites. Les mœurs s'adoucissent par l'habitude de vivre dans une indépendance qui n'est plus nouvelle, & la douceur des mœurs produit l'humanité ; au lieu que dans les temps de la puissance odieuse de vie & de mort, » les Romains, comme » le dit M. *de Montesquieu*, dans ses excellentes considérations » sur la grandeur & la décadence des Romains, chap. 15, accou» tumés à se jouer de la nature humaine, dans la personne de » leurs enfants & de leurs esclaves, ne pouvoient guere connoître » cette vertu, que nous appellons humanité; car, lorsque, dit» il après, l'on est cruel dans l'état civil, que peut-on attendre » de la douceur & de la justice naturelle ?

plus particuliérement mon ſujet, nous voyons que le conſentement des peres, ſur-tout au mariage de leurs enfants, étoit d'une néceſſité indiſpenſable pour ſa validité (14), long-temps même après Romulus qui l'avoit établi de cette maniere, au rapport de *Plutarque*.

Comme les Romains furent long-temps, ſans avoir de loix aſſez étendues, ce ne fut auſſi que lentement que les Empereurs païens adoucirent la rigueur de l'autorité paternelle. Ils commencerent toujours par abolir le droit cruel de vie & de mort, d'engager & vendre leurs enfants, qu'avoient les peres, & s'ils conſerverent la néceſſité du conſentement des parents, au mariage de leurs enfants, ce fut, en limitant la durée de cette ſujétion (15), en ordonnant aux parents de marier leurs enfants & de les doter, & en accordant le recours au Magiſtrat (16). L'Egliſe plus tranquille, ſous les Empereurs

(14) Nuptiæ conſiſtere non poſſunt, niſi conſentiant omnes, id eſt, qui coeunt, quorumque in poteſtate ſunt, *l. 2, ff. de ritu nupt.* Si adverſus ea aliqui coierint, nec vir, nec uxor, nec nuptiæ, nec matrimonium, nec dos intelligitur. *Inſt. lib. 1, tit. 10, §. 12.*

(15) Filius emancipatus, etiam ſine conſenſu patris, uxorem ducere poteſt, *lib. 25, ff. de ritu nupt.*

(16) Qui liberos quos habent in poteſtate, injuriâ prohiberint ducere uxores, vel nubere, vel qui dotem dare nolunt, ex conſtitutione divorum Severi & Antonini, per Proconſules Præſideſque provinciarum coguntur in matrimonium collocare & dotare, *lib. 19, ff. de ritu nupt.*

Chrétiens, qu'elle ne l'avoit été auparavant, adopta, dans ses canons, les loix Romaines qui annulloient les mariages que les enfants contractoient sans le consentement de leurs parents. Elle en soutint la discipline ; & lorsque le mêlange des Romains avec les Gaulois eut cimenté la concorde du Sacerdoce avec l'Empire, on voit qu'elle conserva, dans les Conciles, toute la rigueur des loix Romaines, sur la nullité des mariages des enfants, faits contre la volonté de leurs parents. Elle excommunia les enfants qui contracteroient de pareils mariages (17), qu'elle déclara nuls (18) ; on voit encore que nos Rois, dans les premiers siecles de la Monarchie, concouroient avec l'Eglise à réprouver les mariages de cette espece (19).

Les loix antiques, telles que la loi Salique (20),

(17) Conjugium quod contra parentum voluntatem, impiè copulatur, velut captivitas judicetur, sed sicut prohibitum est non admittatur. Si quis perpetraverit, excommunicationis severitas, pro modo piaculi imponatur. *C. Aurel. IV. Can.* 22.

(18) Si parentes non interfuerint & consensum non adhibuerint, secundùm leges, nullum sit matrimonium *Can.* videtur, *31, q. 6.*

(19) Non solum Childebertus & Clotarius, Reges, sed etiam Dominus Charibertus, Rex successor eorum, præcepto roboravit, ut nullus ullam puellam, absque parentum voluntate, accipere præsumat. *C. Tur. Can. 21.*

(20) Toutes les loix que contient le titre 14 de la loi Salique, sur le rapt, en sont une preuve ; & je remarque sur le paragraphe VII de ce titre, que la peine qu'on infligeoit à la femme libre, (*ingenua*) qui suivoit volontairement son ravisseur, étant la perte de sa liberté, semble autoriser le systême de M. *de Montesquieu*, dans l'Esprit des Loix, que l'honneur est le principe du gouvernement Monarchique, & que les loix doivent s'y rapporter ;

la loi des Allemands (21), celle des Bourguignons (22), prononcent des peines considérables pour ces temps-là, contre ceux qui prennent des femmes contre la volonté de leurs parents : car, ce n'est que pour prévenir cet inconvénient qu'elles sévissent contre le rapt, & qu'elles prononçoient dès ces temps, la privation des effets civils, peines qui sont contenues, avec les mêmes prohibitions persévéramment faites, dans les capitulaires de Charlemagne (23). Les canons postérieurs, en les copiant, ont prouvé l'unanimité des sentiments de l'Eglise & de l'Etat sur l'illégitimité de ces mariages.

---

car c'étoit la punir par l'honneur, que de lui faire perdre son état de femme libre. *Si verò ingenua fœmina aliquemcumque de illis, suâ voluntate secuta fuerit, ingenuitatem suam perdat.*

(21) Si quis filiam alterius non desponsatam, acceperit sibi uxorem, si pater ejus eam requirit, reddat eam, & cùm 40 solid. componat, *tit.* 55, §. 1.

(22) Tout le titre de la loi des Bourguignons contient, contre le rapt, les peines de ces temps-là qui étoient presque toutes pécuniaires. Elle prononce aussi l'exhérédation contre la fille Romaine, mariée à un Bourguignon, sans le consentement de ses parents, quoique la loi Romaine ne paroisse pas avoir établi le défaut de consentement pour cause d'exhérédation. *Romana verò puella*, est-il dit au §. 5 du tit. 12, *si sine voluntate parentum & conscientiâ, se Burgundionis conjugio sociaverit, nihil se de parentum facultatibus noverit habituram.*

(23) *Decretum est ut uxor legitimè viro conjungatur, aliter enim legitimum, ut à patribus accepimus & à Sanctis Apostolis, eorumque successoribus traditum invenimus, non fit conjugium, nisi ab his qui super ipsam fœminam dominationem habere videntur, & à quibus uxor custoditur, petatur & à parentibus propinquioribus sponsetur... Taliter enim & Domino placebunt, & filios non spurios, sed legitimos atque hæreditabiles generabunt*, C. l. 7. c. 363. Cela est tiré du *Décret du Pape Evariste*.

Mais il ne paroît pas que l'Eglise ni l'Etat regardassent comme fondée, sur le droit naturel, la nullité qu'ils avoient jusqu'alors concurremment prononcée contre les mariages des enfants de famille, faits sans le consentement de leurs parents, quoiqu'ils semblassent ne suivre que les loix Romaines qui regardent cette obligation des enfants comme de droit naturel (24): au contraire, par les termes même dont ils se servent, il paroît qu'ils ne regardoient cette obligation que comme l'effet du droit positif & civil.

Quoi qu'il en soit, l'histoire nous apprend que jusqu'à l'onzieme siecle, les mariages des enfants de famille, faits contre le gré de leurs parents, furent cassés & déclarés nuls. C'est ce qui arriva au mariage de la Princesse Judith, fille de Charles le Chauve, avec Baudoüin, Comte de Flandres, & à celui de Louis le Begue, fils du même Charles le Chauve, avec Ansgarde: mais environ l'onzieme siecle, la rigueur de cette discipline diminua, & ce qu'il y eut de plus malheureux en cela, c'est que ce relâchement, qui devoit être borné au point où

(24) *Nam hoc fieri debere & civilis & naturalis ratio suadet in tantum ut jussus parentis præcedere debeat.* Instit. lib. 1, tit. 10, de nuptiis.

s'arrêtoit l'étendue des loix sur cette matiere, fut porté aux derniers excès, soit par un effet de la licence des mœurs des Ecclésiastiques mêmes, soit par un effet de la barbarie qui vint répandre de nouveaux nuages sur l'Europe, soit enfin par un effet du dépit qu'excita l'abus que faisoient les parents de leur autorité sur leurs enfants, qui, ne pouvant se marier sans leur consentement, passoient souvent toute leur vie dans un célibat perpétuel, & se livroient à la débauche.

On commença donc dans l'onzieme siecle à ne plus regarder comme nuls, même de droit positif, les mariages des enfants sans le consentement de leurs parents (25). Cette révolution dans l'Eglise occasionna la même dans l'Etat. De sorte que, par un autre abus, les mariages se firent avec trop de facilité, pour le bon ordre, qui fut troublé. Les mariages clandestins devinrent fréquents (26) ; le désordre dura jusqu'au

---

(25) Les Papes postérieurs ne parlent point, dans leurs Décrétales, du consentement des parents, mais de celui seul des parties contractantes, V. C. *Cum locum*, C. *Licet*, C. *Tuæ de spons.* Le Concile de Florence, tenu sous Eugene IV, n'en dit rien.

(26) Celui de l'illustre & malheureux Abeillard, & de la tendre Heloïse, fut de ce genre, comme on le peut voir dans la vie d'Abeillard, tom. 1, liv. 1, par Dom Gervaise, Abbé de la Trappe. *Ils se trouverent*, dit cet Auteur, *dans une certaine Eglise, à l'issue des matines, accompagnés de part & d'autre de quelques amis affidés. Ils y reçurent du Prêtre la bénédiction nuptiale; alors*, continue-t-il, *il n'étoit pas besoin de tant de céré-*

Concile de Trente, où la Cour de France fit ses efforts pour faire, suivant les vœux du Concile de Cologne (27), tenu quelque temps auparavant, réprimer ce relâchement excessif de l'ancienne discipline, & le resserrer dans de justes bornes, par le renouvellement de la nullité des mariages des enfants sans le consentement de leurs parents : mais quoiqu'au rapport de *Fra-Paolo* & du Cardinal *Palavicini*, qui ont écrit l'histoire du Concile de Trente, il eût balancé long-temps à se décider, cependant, sur l'observation qui fut faite que, si le Concile se portoit à déclarer nuls les mariages des enfants de famille, faits sans le consentement de leurs parents, les Calvinistes qui les croyoient nuls de droit naturel & divin, triompheroient & penseroient qu'on auroit admis leur opinion, le Concile, malgré les sollicitations pressantes que lui en fit faire la Cour de France, par le Cardinal de Lorraine, ses Evêques & ses Orateurs, ne voulut point les déclarer nuls, & se borna à les

---

*monies pour la validité d'un mariage ; le Concile de Trente, & les Ordonnances des Princes, n'ayant point encore imposé les loix qu'on suit aujourd'hui.* On ne voit ni bannies, ni présence du propre Curé, tout cela n'étoit point en usage alors ; on ne voit que le consentement du Chanoine Sulbert.

(27) *Optandum est ut Canon Evaristi Pontificis, Concilio generali renovetur, tollanturque illa clandestina matrimonia quæ invitis parentibus ac propinquis, veneris potiùs, quam Dei causâ contrahuntur.* C. Colon. de administ. sacrament. c. 43.

désapprouver. Il n'omit pas même de faire entendre qu'il ne les regardoit pas nuls de droit naturel, en condamnant ceux qui disoient que ce n'étoit pas de vrais mariages; & c'étoit suffisamment dire qu'ils ne pouvoient être annullés que par une loi positive, que de dire qu'ils sont de vrais mariages, tandis que l'Eglise (ou l'Etat) ne les a pas déclarés nuls (28); de sorte que le Concile de Trente s'est borné à modifier la rigueur de l'ancienne discipline, sans la rétablir, & à réprimer le relâchement excessif où elle étoit tombée, en témoignant qu'il désapprouvoit & même détestoit ces mariages, ce qui, peut-être, étoit trop modéré, malgré la multiplication des loix, eu égard à l'espece d'oubli & de désuétude où étoient ces loix lors du Concile.

Quoi qu'il en soit, on voit par l'exposition analytique que je viens de faire des différents états de l'autorité des parents sur les mariages des enfants de famille, que sa rigueur diminua,

(28) Tametsi dubitandum non est clandestina matrimonia libero contrahentium consensu facta, rata & vera esse matrimonia, quandiù Ecclesia irrita non fecit & proindè jure damnandi sunt illi, ut eos sancta Synodus anathemate damnat, qui ea vera ac rata esse negant, quique falsò affirmant matrimonia à filiis familias, sine parentum consensu contracta, irrita esse & parentes ea rata vel irrita facere posse : nihilominùs Sancta Dei Ecclesia, ex justissimis causis, illa semper detestata est atque prohibuit. *Concil. Trident. sess. 24, ch. 1. de reform. matrimon.*

à peu près, en même progression que les loix fixoient l'arbitraire dangereux de cette autorité trop indéfinie ; & si le relâchement d'une discipline qui doit être sévere dans une société naissante, jusqu'à ce que ses mœurs aient pris de la consistance par elles-mêmes, ou que des loix suffisantes leur aient donné cette consistance, alla trop loin & altéra l'équilibre de la progression, c'étoit moins à l'Eglise, qui n'a en vue que la félicité éternelle que tous les mariages peuvent procurer, qu'à l'Etat, qui a en vue la félicité temporelle que de certains mariages peuvent troubler, qu'il importoit de réprimer ce relâchement. Aussi la puissance civile, comme nous le verrons ci-après, chercha à remédier à l'insuffisance du Concile de Trente, pour le maintien de cet équilibre de la progression que nous avons remarquée dans la législation sur l'autorité domestique : mais son objet n'a pas été entiérement rempli, parce que les rédacteurs de nos Ordonnances, en cherchant à arrêter le torrent des mariages déréglés, n'ont donné qu'à la sûreté des droits des parents, leur attention, qui, fixée par cette partie, paroît avoir oublié l'autre, ou ne s'être tournée que par distraction, sur la sûreté des droits des enfants de famille (29).

(29) Il seroit à souhaiter, dit M. *d'Hericourt*, dans son Traité

Après avoir parcouru rapidement la progression des loix en général, je vais examiner celle des loix particulieres de France, sur le mariage des enfants de famille.

---

des Loix Eccléfiaftiques, 3e. part. chap. 5, art. 2, nom. 73; que nos Rois s'expliquaffent d'une maniere plus claire & plus précife fur une matiere de cette importance, & qu'ils déclaraffent les enfants mineurs inhabiles à contracter mariage fans le confentement de leur pere, mere ou tuteur, ou du moins, fans un Arrêt, dans le cas où les Cours Souveraines jugeroient que le refus des peres & meres fût injufte.

# CHAPITRE V.

*Des Loix particulieres de France, touchant l'autorité des parents sur les mariages des enfants de famille.*

En France les regles sur les mariages des enfants de famille sont puisées, ou dans le droit Romain, ou dans les Canons, ou dans les Capitulaires & autres loix antiques, ou enfin établies rélativement à la constitution du gouvernement Monarchique, suivant l'urgence des circonstances. C'est de ces sources que sont sorties les Ordonnances de nos Rois sur cette matiere, & qu'à défaut d'explication assez étendue dans les loix, doivent sortir les regles de décision dans les cas indécis, douteux, ou même outrés.

Nos Ordonnances sont de droit commun dans le Royaume, à cet égard, & les dispositions particulieres des coutumes sur la police des mariages, ne peuvent balancer leur autorité, puisqu'elles sont, pour la plupart, extraites des Ordonnances même (30). D'où il résulte que,

(30) On en voit un exemple dans les articles 495, 496 & 497 de la coutume de Bretagne, qui sont les seules dispositions qu'elle renferme sur la nécessité du consentement des parents.

dans chaque reſſort des différents Parlements de France, les autorités étrangeres ſur la police des mariages doivent être d'un auſſi grand poids que les autorités municipales, puiſqu'elles partent d'une ſource commune, ſçavoir, des Ordonnances de nos Rois. D'où il réſulte encore que, dans le ſilence de notre Droit Français ſur cette matiere, on doit avoir recours aux premieres ſources dans leſquelles il a puiſé ſes diſpoſitions.

C'eſt d'après ces regles que j'établirai, avec autant de préciſion qu'il me ſera poſſible, la Juriſprudence de France ſur la police des mariages des enfants de famille, que j'appuyerai des Arrêts des différents Parlements indiſtinctement.

Le Concile de Trente, en refuſant de déclarer nuls les mariages des enfants de famille, faits ſans le conſentement des parents, quant au lien du Sacrement, n'a pu preſcrire des bornes à l'autorité ſéculiere, qui a toujours eu droit de fixer les formalités néceſſaires à la validité du contrat civil. Ce contrat étant de droit public, doit être réglé par ceux qui ſont prépoſés au main-

---

ces articles ont été tirés, tant de l'Edit de 1556 de Henri II, que de l'Ordonnance de Blois, donnée en 1579 par Henri III, comme l'atteſte *d'Argentré*, l'un des réformateurs, dans ſon Aitiologie, & comme il eſt facile de s'en convaincre par la conférence de ces articles avec ceux des Ordonnances qui y ont rapport.

tion de l'ordre public. Le mariage étant le séminaire des états, & le lien le plus fort de la société, c'est l'objet le plus important qui puisse fixer l'attention du gouvernement civil, puisque, de la police des mariages dépend le repos des familles, & du repos des familles, le repos des sociétés que forme l'aggrégation de ces familles. Aussi voyons-nous qu'en France nos Rois ont usé, dans leurs Ordonnances, de toute l'étendue de leur autorité.

Si l'on dit que cette autorité a porté trop loin la sévérité contre les enfants, dont la liberté ne doit être subordonnée à la puissance des parents que rélativement à la constitution Monarchique, du moins ce n'a pas été, en transgressant les limites qui séparent la compétence de l'autorité Ecclésiastique & de l'autorité séculiere (31), &

---

(31) Nos Rois n'ont point eu intention, dans leurs Ordonnances, de donner atteinte a la Juridiction Ecclésiastique, sur le Sacrement, ni de toucher au sacrement : c'est une vérité que nous tenons d'eux-mêmes. On voit dans le troisieme tome des Mémoires du Clergé, qu'ayant été allarmé de voir, dans l'Edit de 1629, que *tous les mariages faits contre la teneur de l'Ordonnance de Blois, seroient déclarés non valablement contractés*, & craignant qu'on ne voulût toucher à la validité du mariage, non seulement quand il y a rapt ou clandestinité, auxquels cas le Concile de Trente prononce la dissolution du lien, mais aussi, quand il est contracté par les enfants de famille, sans le consentement de leurs parents, auquel cas il ne la pronnnce pas, comme nous l'avons vu ; il députa quelques Membres de l'assemblée vers Louis XIII, pour le supplier de déterminer l'étendue qu'il entendoit donner à ces termes ; ce qu'il fit en déclarant aux Députés, par la bouche de M. le Chancelier, qu'ils ne se rapportoient qu'aux effets civils.

quoique les Parlements paroissent aujourd'hui porter la rigueur plus loin que nos Ordonnances même, & qu'ils ne la portoient eux-mêmes autrefois (32), il n'ont cependant pour but que d'agir, dans cette matiere, suivant l'esprit des Ordonnances, & conséquemment, sans entreprendre sur la Puissance Ecclésiastique, aux décrets de laquelle ils se conforment, soit dans la lettre, soit dans l'esprit. Dans la lettre, en se bornant à prononcer la nullité d'un mariage quant au contrat civil & non quant au Sacrement, lorsque l'Eglise n'a pas prononcé cette nullité. Tels sont les mariages secrets, qui sont différents des clandestins, les mariages faits à l'extrêmité de la vie, les mariages des condamnés à mort, qui, avant leur décès, n'ont pas été remis au premier état. Les articles 5, & 6 de la Déclaration du Roi, du 26 Novembre 1639, les privent des effets civils, & les Parlements les déclarent conséquemment nuls, quant au

---

(32) Les Arrêts des Parlements, qui, aujourd'hui, & généralement, empêchent les mariages des enfants de famille, faits sans le consentement de leurs parents, de subsister, non seulement quant aux effets civils, mais encore quant au sacrement, ne portoient, autrefois, que sur les effets civils, comme on le voit dans un Arrêt du 31 Mai 1560, que remarqua M. Servin, dans son Plaidoyer du 22 Juillet 1606. Le Parlement, au lieu de ces termes, *non valablement contracté*, dont on n'usoit pas avant l'Ordonnance de Blois, se borna à prononcer, contre une fille mineure, que *pour s'être mariée, sans sçu de ses pere & mere, elle sera déchue & privée de toutes donations, substitutions, & autres dispositions; & les pere & mere seront en liberté de disposer de leurs biens à leur volonté.*

contrat civil : mais comme l'Eglise n'en prononce pas la nullité quant au Sacrement, les Parlements ne touchent pas à cette partie. Dans l'esprit, en cherchant toujours à ne pas s'écarter des loix Ecclésiastiques, en rapprochant leurs décisions les unes des autres, pour en former des regles qui y sont oubliées, quoiqu'elles soient dans leur intention. Tel est le mariage des enfants de famille, sans le consentement de leurs parents ; que les Parlements déclarent nuls, non seulement quant aux effets civils, comme autrefois, mais encore quant au Sacrement, par une fiction de droit, en faveur de l'autorité des parents & pour le bien-être des enfants de famille (33). Cette fiction consiste à présumer rapt de séduction dans les mineurs, par le seul fait de s'être mariés sans avoir requis le consentement de leurs parents, parce que la volonté de la

(33) Cette fiction n'ayant qu'un objet, aussi conforme à la religion qu'à la saine raison, ne peut être désapprouvée par l'Eglise, dans l'intention de laquelle, par le principe qu'elle est conforme à la religion, elle a dû nécessairement entrer. Elle procure, en outre, le bien de la société, & elle remplit, en cela, le principal caractere qu'on exige dans les fictions pour les autoriser ; car elles ne sont introduites, dit *Ferriere*, dans son Dictionnaire de Droit, que pour la fécilité & l'avantage de la société civile. L'embarras est de sçavoir les limites précises où cette fiction peut être portée ; car on peut blesser l'équité, par un excès de rigueur, aussi-bien que par un excès d'indulgence : ce traité pourra servir à en indiquer les regles, qui n'ont peut-être été que trop outrées, pour un temps où des mœurs fixes & une législation suffisante devoient adoucir la rigueur de l'autorité de famille.

personne séduite n'eſt pas libre. *Elle eſt*, dit Coquille, *gagnée par blandices & allèchement. Il ſe fait* dans la perſonne ſéduite, dit Thevenau, *un transport & enlevement du bon ſens*, & c'eſt cet enlevement de ſon bon ſens qui la fait consentir à l'enlevement de ſa perſonne, ou à ſe retirer de la maiſon de ſes parents, dans le deſſein de contracter mariage, ſans leur conſentement, avec le ſéducteur.

C'eſt d'après ces conſidérations & quelques autres, que les plus célebres Docteurs & d'habiles Théologiens, même Ultramontains, ont penſé que le rapt de ſéduction étoit, auſſi bien que le rapt de violence, compris dans le Décret du Concile de Trente, qui déclare nuls les mariages contractés entre le raviſſeur & la perſonne ravie, qui eſt au pouvoir du raviſſeur. Cette opinion, qui eſt conſtante parmi nous, me paroît d'autant mieux fondée, que le Concile parle du rapt en général, ſans diſtinguer le rapt de violence & le rapt de ſéduction, & paroît avoir entendu, par-là, en ſoumettre toutes les eſpeces à ſon décret irritant, conformément à la diſcipline des premiers ſiecles de l'Egliſe.

Prenant donc pour conſtant, comme il l'eſt, le principe, que le rapt de ſéduction eſt un empêchement dirimant du mariage des enfants de famille, & que, dans le mariage de ces enfants, le rapt de séduction est présumé de droit, par le seul fait de n'avoir pas requis le consentement de leurs parents (34), il en résulte qu'en les annullant, les Parlements suivent l'intention de l'Eglise & de l'Etat, quoique ni l'un ni l'autre n'aient prononcé la nullité des mariages des enfants de famille, par le défaut précisément d'avoir requis le consentement de leurs parents (35), soit que l'idée de ce défaut de requisition ne se soit pas présentée à l'esprit des Législateurs ecclésiastiques & civils, accompagnée de celle de rapt de séduction, soit qu'ils aient vu effectivement qu'il peut se trouver des circonstances assez

(34) Cette présomption du vice de séduction dans le mariage des mineurs, que l'Ordonnance, en punissant, *comme fauteurs du crime du rapt*, ceux qui le célébreroient, fait résulter du défaut de consentement des peres & meres, est du nombre des présomptions qu'on appelle en droit *præsumptiones juris*, qui sont équipollentes à une preuve parfaite, & qui dispensent d'en apporter d'autres : c'est ce que dit M^e. *Pottier*, dans son Traité du Contrat de Mariage, partie 4^e. nomb. 326.

(35) Nous trouvons quelques traces de cette nullité dans les loix, tant Ecclésiastiques que civiles, des premiers siecles de notre Monarchie; mais nous ne la trouvons point dans le Concile de Trente, quoique, suivant l'observation de M. *Boileau*, dans son Traité des empêchements du mariage, ce Concile fait assez connoître que cette nullité peut être prononcée, par les termes dont il se sert, *quandiù ea Ecclesia irrita non fecit;* ce qui doit s'étendre également à l'état, puisque le réglement du contrat de mariage appartient principalement à l'ordre politique. Quoi qu'il en soit, nos Ordonnances, soit par égards pour le silence du Concile de Trente, soit par tout autre motif, ne prononcent point, en termes formels, la nullité des mariages des enfants à l'insçu de leurs parents. » Néanmoins, dit M^e. *Pottier*, dans son Traité du » Contrat de Mariage, partie 4^e. nom. 326, si l'on considere » attentivement l'esprit de ces loix, on découvrira facilement qu'elles » réputent nuls de pareils mariages.

sortes, dans un mariage fait sans requisition de consentement, pour éloigner toute présomption de rapt de séduction (36).

On donne encore un autre principe à la nullité que prononcent les Parlements, des mariages des enfants de famille, faits à l'insçu de leurs parents, tant pour le contrat civil que pour le Sacrement. Ce principe est » qu'il ne » peut y avoir, comme le dit Me. *Cochin* (37), » de mariage, quand il n'y a point de volonté, » & qu'il n'y a point de volonté dans un mi- » neur qui n'est point assisté de ses parents », parce qu'on le regarde comme incapable de prêter le consentement nécessaire dans tous les contrats, pour leur validité, & à défaut duquel, le contrat de mariage qui, suivant la remarque de *Blondeau*, sur Bouchel, Bibliotheq. Canon. est la matiere, ne peut être élevé à la dignité de Sacrement, qu'il ne soit parfait dans sa matiere, parce que la forme ne peut subsister sans la matiere. Ce dernier principe, depuis la proscription de la These de Vesperie, soutenue en Sorbonne, par Jacques L'huillier, qui refusoit,

(36) En pareilles circonstances, il n'est pas juste de déclarer nuls ces mariages. Il y a des Arrêts qui ont refusé de le faire; & c'est l'opinion de nos meilleurs Jurisconsultes, comme on le verra plus amplement sur le chapitre du rapt.

(37) Tom. 5, caus. 135, pag. 466.

à l'autorité féculiere, le pouvoir d'établir des empêchements dirimants, pour ne l'accorder qu'à l'autorité Ecclésiaſtique, a été établi plusieurs fois dans différents Tribunaux, par MM. les Avocats Généraux, à l'exemple de M. *Talon*, qui s'éleva avec force & avec éloquence contre cette Theſe. Il eſt ſuivi par beaucoup d'Auteurs & combattu par beaucoup d'autres : mais ſans entreprendre de concilier une contrariété d'opinions fort indifférente au but que je me propoſe, pourvu qu'on regarde, comme conſtant l'uſage où ſont actuellement les Parlements, de déclarer nuls les mariages des enfants de famille, faits ſans le conſentement des parents, lorſqu'il n'a pas été requis, ou que la permiſſion de paſſer outre a été refuſée, je me retrancherai dans le ſilence auquel s'eſt borné l'Auteur du nouveau Dictionnaire de Droit Canonique, M. *de Meillann*, ſans décider par quel principe, ſoit celui de la *préſomption de rapt*, ſoit celui que *la forme ne peut ſubſiſter, ſans la matiere, dans le mariage*, doit être prononcée la nullité des mariages des enfants à l'inſçu de leurs parents, tant quant aux effets civils, que quant au Sacrement. Il m'a ſuffi d'expoſer ces deux principes, qui tous deux, au fonds, ne paroiſſent pas donner atteinte à l'autorité de l'Eglife, puiſqu'ils ne ſont fondés que ſur d'autres principes, dont elle reconnoît la justesse, dans l'application qu'on en fait à des matieres moins éloignées.

Si nos Rois, à l'exemple de l'Eglise, n'ont pas prononcé la nullité en termes précis & formels, on voit que les Parlements ont suppléé à ce silence, par des fictions équitables & le rapprochement des principes reçus par l'Eglise; de même que nos Rois avoient déjà suppléé au silence de l'Eglise par les peines rigoureuses & les précautions nombreuses inscrites dans leurs Ordonnances, contre les mariages que voudroient faire les enfants de famille à l'insçu de leurs parents, auxquelles la Jurisprudence des Arrêts a encore ajouté, suivant les circonstances.

Ces peines & ces précautions sont d'un grand détail, & ce détail est essentiel pour pénétrer l'esprit de la loi.

Nos Rois ont défendu, par leurs Ordonnances, aux enfants de famille (38) mineurs de vingt-

(38) Afin d'éviter la confusion, je préviens que, quoique par les mots d'enfants de famille, on n'entende, d'après le Droit Romain, que ceux qui sont sous la puissance de leur pere ou aïeul paternel, je me servirai indistinctement de ce mot, pour signifier tous les enfants qui sont sous la puissance de leurs peres, meres, tuteurs, curateurs, & autres, à l'inspection & consentement desquels leur mariage est soumis. Ainsi, je considere les enfants de famille dans trois âges différents; le premier au-dessous de vingt-cinq ans, où ils ne peuvent se marier sans le consentement des parents ou la permission du Magistrat, ou bien le mariage est nul; le second depuis vingt-cinq jusqu'à trente ans, où les filles, après la sommation respectueuse, peuvent se marier sans courir les risques de l'exhérédation, sommation qui n'en garantit pas les garçons; le

cinq ans (39), de contracter mariage (40), contre le gré & consentement & à l'insçu de leurs peres (41) & meres (42); prohibition qui a

---

troisieme après trente ans, où les garçons, moyennant la sommation respectueuse, peuvent se marier, sans courir les risques de l'exhérédation.

(39) Les majorités coutumieres ne servent pas de regles pour l'indépendance dans les mariages : l'Ordonnance de 1639 y déroge expressément. L'âge de vingt-cinq ans est fixé de droit commun par les Ordonnances. *Basnage*, sur l'article 369 de la Coutume de Normandie, observe que, bien que la Coutume de Normandie ait anticipé le terme ordinaire de la majorité qu'elle fixe à vingt ans, cette liberté néanmoins n'est pas pleine & universelle, avant vingt-cinq ans, en Normandie, comme par-tout ailleurs, & qu'elle reçoit une restriction pour les mariages, comme il le fit juger pour M. *de Banville*, Lieutenant général à Vire, par Arrêt du 6 Février 1671; & comme il fut encore jugé par Arrêt du 18 Mars 1751, contre un Normand, rapporté par *Soefve*, tom. 1, cent. 3, chap. 647.

(40) Edits de 1556, 1579, 1580 & 1606.

(41) Tandis que le pere vit, son consentement est le seul nécessaire, *patris expectetur arbitrium*, l. 20, c. *de nuptiis*; ce qui ne dispense pas dans notre usage, contraire en cela au Droit Romain, de requérir celui de la mere, parce que ce n'est pas en vertu de la puissance paternelle, mais du respect qui est dû aux Auteurs de nos jours, dont la mere est du nombre, qu'en France le consentement des parents est requis au mariage de leurs enfants : c'est du moins l'opinion de *Basnage*, sur l'art. 369 de la Coutume de Normandie; mais en contradiction d'avis, le consentement du pere suffit, selon *Rebuffe*, sur l'Edit de 1556.

(42) Mais, si la mere se remarie, l'enfant n'est pas tenu, suivant l'Édit de 1556, d'attendre le consentement de sa mere. Il lui suffit de l'avoir requis, sans être obligé, sur son refus, de se pourvoir. L'enfant bâtard n'est pas obligé, non plus, d'avoir le consentement de sa mere, comme le décida un Arrêt rapporté au Journal des Audiences, tom. 2, liv. 4, chap. 36. Hors ces deux cas, les enfants sont obligés de requérir le consentement de leurs meres; & s'ils ne peuvent l'obtenir, de se pourvoir pour avoir permission de passer outre, s'il y a lieu. *Basnage*, sur l'art. 369 de la Coutume de Normandie, cite un Arrêt du 28 Janvier 1659, du Parlement de Rouen, qui, sur l'opposition de la mere veuve, déclara le mariage de son fils mineur, qui n'avoit pas requis son consentement, non valablement contracté, & décreta de prise de corps, le Prêtre qui l'avoit célébré : il cite encore plusieurs

été étendue aux veuves mineures qui veulent se remarier (43).

Ils ont encore défendu aux garçons de trente ans (44), & aux filles & veuves même majeures de vingt-cinq ans, demeurant avec leurs peres & meres, de contracter mariage, sans avoir requis leurs avis, par écrit (45), sous prétexte de quelques logements qu'ils auroient pris dans une autre Paroisse, quelque temps auparavant.

Les peines prononcées par les Ordonnances, contre les infracteurs de ces loix, consistent à déclarer leurs mariages non valablement contrac-

---

Arrêts, qui établissent, en cette partie, le droit des meres, conformément aux Ordonnances, en observant qu'il faut faire cette différence entre le pere & la mere, que le pere qui marie ses enfants, n'est pas obligé de prendre conseil de ses parents, & que la mere ne le peut, sans leur en communiquer, à cause de la foiblesse de son sexe & de la légéreté de son esprit, qui n'ont pas permis de lui donner un pouvoir si absolu qu'au pere.

(43) Cette disposition de la Déclaration du Roi, du mois de Novembre 1639, est conforme à la loi 18, C. *de nuptiis.* Cette loi fut d'abord faite spécialement pour les personnes illustres *de senatoriarum & nobilium viduarum nuptiis, ne inhonestis artibus ad indigna & imparia matrimonia, cum insigni senatoriarum familiarum dedecore, properarent*, comme le remarque *Godefroy*, dans son Commentaire sur le Code Théodosien, l. 1, *de nupt.* & la loi 18 *de nupt.* du nouveau Code, rendit cette prohibition générale pour les veuves de toutes conditions.

(44) Ce n'est pas que les garçons, après vingt-cinq ans accomplis, ne puissent se marier sans le consentement de leurs peres; leur mariage est valide, mais la sommation respectueuse même qu'ils feroient, ne les mettroit pas à l'abri de l'exhérédation avant trente ans. *Arrêt du 12 Février 1718, rapporté au Journal des Audiences, tom. 7, l. 1, ch. 19.*

(45) Edit de 1697. Arrêt du Parlement de Provence, rapporté par Boniface, *tom. 1, part. 1, liv. 1, tit. 2, nom. 13*, qui jugea que le consentement du pere au mariage de son fils, doit être par écrit, & ne peut être vérifié par témoins.

tés, à les priver des successions de leurs peres & meres (46); ce qui est étendu aux enfants qui naîtroient de ces mariages, même pour les successions collatérales, & la privation du droit de légitime, de toutes donations, & généralement de tous les avantages établis en leur faveur, soit par les conventions, soit par les loix du Royaume, lesquels demeurent acquis au Fisc, pour être distribués aux Hôpitaux, ou employés à d'autres œuvres pies (47), sans pouvoir quéreller l'exhérédation qui ainsi aura été faite.

Le même motif qui a porté les Souverains à prononcer des peines si séveres, leur a fait prendre tous les moyens possibles d'empêcher les enfants de famille de contracter des mariages contraires à leurs vues. A cet effet, la prohibition de se marier sans le consentement des parents, qu'ils avoient d'abord limitée aux peres & meres (48), a été étendue aux tuteurs & curateurs, sans le consentement desquels les mineurs ne peuvent se marier (49); encore faut-il, outre le

---

(46) Edits de 1556, 1579 & 1697. A l'égard de la femme que le fils de famille épouse contre la volonté de son pere, elle est privée, par l'article 359 de la Coutume de Normandie, de prendre douaire sur le bien du pere, lorsque son fils le prédécede, comme le conclut *Basnage*, des termes de cet article.

(47) Déclaration du Roi, du mois de Novembre 1639.

(48) V. l'Edit du mois de Février 1556.

(49) Voyez l'Ordonnance de Blois du mois de Mai 1579; mais il y a cette différence, que les tuteurs & curateurs ne peuvent lancer la foudre de l'exhérédation. Ils peuvent seulement

consentement des tuteurs & curateurs, celui des plus proches parents (50), sans l'avis desquels ils ne peuvent y consentir, sous peine de punition exemplaire : mais l'avis de la mere est préféré à celui d'un parent plus éloigné (51), s'il n'y avoit pas des circonstances qui décelassent qu'elle est dans l'erreur.

---

poursuivre la cassation du mariage, lorsqu'il est infecté de vices absolus ou respectifs à ces tuteurs & curateurs, comme nous le traiterons plus amplement au Chapitre de la Cassation du mariage. Ce que je dis ici des tuteurs & curateurs, ne s'entend point de ceux qui ne le sont que *ad causam*, dont le consentement n'est pas nécessaire, comme il fut jugé en point de droit, par Arrêt du 3 Avril 1666, rapporté par *Soefve*, tom. 2, cent. 3, chap. 72, rendu au Parlement de Paris, sur les conclusions de M. l'Avocat général *Bignon*, Redacteur de la Déclaration de 1639, & dont l'autorité est conséquemment d'un grand poids en cette matiere.

(50) La nécessité des plus proches parents, est strictement prescrite par l'Ordonnance de Blois, par l'Edit des Tutelles du mois de Novembre 1732, & par d'autres Ordonnances sur cette matiere. Ainsi cette regle, fixée par nos Ordonnances même, doit être suivie préférablement aux Arrêts qui auroient jugé le contraire : il y a, sur cela, un conflict d'Arrêts qui ont pu être déterminés par des circonstances également justes. Lorsqu'on est à portée de prendre l'avis des plus proches parents, ou qu'il n'y a pas d'autres circonstances qui rendroient leurs délibérations trop difficiles, je crois que dans ce cas il faut suivre l'Ordonnance à la lettre; mais dans le cas contraire, comme on ne peut présumer que l'intention du législateur ait été de nuire à la population, je pense qu'on pourroit s'écarter de cette regle, & prendre l'avis des parents qui seroient les plus à portée de délibérer, quoiqu'ils fussent plus éloignés en degrés. C'est apparemment dans la premiere espece que le Parlement de Bretagne a jugé, par Arrêts des 29 Août 1712, & 14 Décembre 1713, & plusieurs autres, la nécessité des plus proches parents, & des mêmes qui ont donné voix à la tutelle; & c'est probablement dans la seconde espece qu'il a jugé le contraire au profit du sieur Marquis de Coetlogon, le 22 Avril 1721.

(51) Arrêt du Parlement de Toulouse du 23 Mai 1672, rapporté au Journal du Palais, qui jugea qu'un oncle paternel ne se peut opposer au mariage de sa niece, quand la mere & la fille en sont d'accord; ce qui dépend des circonstances.

Nos Rois ont voulu, de plus, que toutes personnes qui conseilleroient ou aideroient les enfants de famille dans de tels mariages, fussent punis arbitrairement & suivant l'exigence des cas (52); & à l'égard des enfants de famille, qui voudroient se marier en Pays étranger, ils ont défendu aux peres, meres, tuteurs ou curateurs, de consentir à leur mariage, sans la permission expresse du Roi, sous peines de galeres perpétuelles contre les hommes, & de bannissement perpétuel contre les femmes, & de confiscation de biens des uns & des autres; & où il n'y auroit pas lieu à confiscation, d'une amende qui ne peut être moindre de la moitié de leurs biens (53).

Cependant, comme on a considéré les parents fugitifs sans permission, dans un état de mort civile, il est permis aux enfants dont les peres, meres, tuteurs ou curateurs, sont sortis du Royaume, pour se retirer en Pays étranger, de se marier, sans demander leur consentement & sans encourir pour cela les peines attachées à cette omission: mais si cette loi est une loi de rigueur contre les parents fugitifs, elle n'a pas engagé le Législateur à abandonner les enfants à leur

(52) Edit de 1556, Déclaration de 1639, & autres Ordonnances.

(53) Déclaration du 16 Juin 1685, & autres du 14 Mai 1724.

propre volonté : car il ajoute, à condition néanmoins de prendre l'avis de leurs autres parents ou alliés ; où à leur défaut, de leurs amis ou voisins au nombre de six, ou de trois, en cas qu'il n'y en ait qu'un des deux, ou du pere, ou de la mere, sortis du Royaume (54).

L'accession de l'autorité intérieure & domestique n'est pas le seul moyen que nos Rois ont employé, pour empêcher les enfants de famille de contracter des mariages clandestins & contraires à leurs intentions, ils ont encore employé, pour prévenir la violation de leurs loix, sur cet objet, toutes les précautions extérieures qui étoient nécessaires contre les ruses & les entreprises que le plus ingénieux de tous les inventeurs, l'Amour, auroit pu suggérer à des cœurs passionnés, comme nous allons le voir dans le Chapitre suivant.

---

(54) Déclaration du 6 Août 1686, & autres du 14 Mai 1724. A l'égard des absents, pour voyages, dont on n'a pas entendu de nouvelles depuis plusieurs années, leurs enfants peuvent, après trois ans d'absence, suivant les loix 10 & 11, ff. *de ritu nuptiarum*, contracter mariage, s'il est convenable ; mais il faut, suivant notre Jurisprudence Françaiſe, le consentement des autres parents, comme il fut jugé par Arrêt du Parlement de Bretagne, en conformité des Ordonnances, en date du 28 Mars 1738, rapporté tom. 2, ch. 57 du Journal de M[e]. *Duparc Poullain*. Cet Arrêt permit à une fille, après qu'elle eut prouvé que son pere étoit absent depuis onze ans, sans qu'on eût pu sçavoir de ses nouvelles, de se marier avec l'agrément de ses parents qui y consentoient.

# CHAPITRE VI.

*Des précautions du Législateur, contre la violation des loix, sur la requisition du consentement des parents aux mariages des enfants de famille.*

Il résulte de ce que j'ai dit dans le Chapitre précédent, que les enfants de famille, pour pouvoir contracter un mariage valide, sont obligés de *requérir* le consentement de leurs parents, & de recourir, s'ils ne peuvent l'obtenir, à l'autorité du Magistrat, comme nous le dirons ci-après, jusqu'à ce qu'il aient atteint l'âge de vingt-cinq ans, temps auquel la loi a fixé la majorité; & passé ce temps, comme il n'y a plus lieu à la présomption de rapt, ainsi qu'on le démontrera dans la suite, le mariage ne court plus risque d'être déclaré nul, faute de ce consentement: mais, que si ces enfants ont pere ou mere, ils ne peuvent se dispenser de requérir leur consentement, même après vingt-cinq ans, quoiqu'ils puissent, après cet âge, former un lien indissoluble, sans attendre leur consentement, & sans faire même de sommations respectueuses, parce que, pour une omission aussi grave, la loi prononce la peine de l'exhérédation & la privation des autres effets civils, à moins que le concours des circonstances ne présentât un avantage assez considérable, dans un mariage vicié de cette omission, pour adoucir ou écarter tout-à-fait les peines qui en sont la suite (55).

La prudence exige donc que, pour se mettre à couvert de la foudre de l'exhérédation, les enfants de famille majeurs fassent, conformément à la loi, une sommation respectueuse à leurs peres & meres, de consentir à leur mariage.

Il ne faut pas oublier, ce que j'ai déjà dit, que les filles & veuves, même majeures, sont obligées de faire cette sommation, pour éviter l'exhérédation qu'elles encourroient, malgré la validité du lien après vingt-cinq ans; qu'à l'égard des garçons, quoique leur mariage soit valide *quo ad fœdus*, après vingt-cinq ans, comme celui des filles & veuves, cependant depuis vingt-cinq ans jusqu'à trente, la simple sommation ne leur suffit pas, comme à elles, pour se garantir

(55) Par Arrêt du mois de Novembre 1691, rapporté au Journal des Audiences, tom. 4, liv. 6, chap. 51, il fut jugé que l'opposition d'une mere au mariage de son fils majeur de vingt-cinq ans, n'en peut empêcher l'exécution, quoiqu'elle ait le droit de le deshériter; & l'Avocat du fils fit bien sentir qu'il falloit encore, dans l'exacte équité, que l'exhérédation fût fondée sur des motifs solides, quelque arbitraire qu'on la croie communément, lorsqu'il dit, que tout ce que ce fils pouvoit encourir, c'étoit l'exhérédation s'il s'allioit mal à propos; mais que l'alliance dont il s'agissoit étoit convenable en tous points.

de l'exhérédation (56), si elle n'est suivie du consentement de leurs peres & meres, & que ce n'est qu'au de-là du terme de trente ans, que la sommation leur suffit, sans être suivie de consentement, pour se mettre à l'abri de l'exhérédation.

Mais cette sommation est indispensable même après l'âge de trente ans, tant pour les garçons que pour les filles & veuves, si leur pere ou mere vivent, parce que le respect qui leur est dû, devant durer autant que leur vie, on ne peut se dispenser de cette sommation, pendant leur vie, quelque âgés que soient les enfants (57),

(56) La loi a fixé la majorité des filles à vingt-cinq ans, & des garçons à trente ans, à l'effet de se marier validement, indépendamment du consentement des peres & meres, parce qu'une fille est présumée plutôt nubile qu'un garçon ; que son tempérament est plutôt formé, aussi-bien que sa raison; que la beauté, qui d'ailleurs est dans cette affaire d'un plus grand poids pour elles que pour les garçons, se flétrit plutôt chez les femmes que chez les hommes. C'est d'après toutes ces considérations que la loi a fixé l'âge précis où l'un & l'autre sexe pourroit s'unir, avec sûreté, indépendamment de la volonté des parents, qui, après avoir été requis de donner leur consentement, sont punis de leur délicatesse ou de leur négligence excessive, par l'indépendance que le législateur accorde à leurs enfants, parce qu'ils sont présumés avoir épuisé tous leurs droits par un coupable retardement : *hoc ad ingratitudinem filiæ nolumus imputari, quia non suâ culpâ, sed parentum id commisisse cognoscitur.* Novel. 115, cap. 3, §. 11.

(57) Arrêt du 24 Mars 1699, rapporté au Journal des Audiences, qui déclara abusif le mariage d'un fils âgé de quarante-trois ans, parce qu'il n'avoit pas requis le consentement de ses pere & mere, & que ce mariage avoit été célébré hors la paroisse des parties.

&

& quand même ils auroient déjà été mariés (58), ſans s'expoſer aux riſques de l'exhérédation dont la ſommation reſpectueuſe doit garantir, & affermir les effets civils du mariage, à moins qu'il n'y ait des circonſtances aſſez graves & aſſez importantes (59) pour ſuſpendre l'effet de cette faveur, juſqu'à plus ample éclairciſſement.

On ne s'eſt pas borné à être rigoureux ſur le fonds, on a étendu la rigueur juſques ſur la forme des ſommations, tant on a eu à cœur de favoriſer en tout la liberté des peres, ſans beaucoup ſonger à celle des enfants.

Comme nos Ordonnances n'ont pas porté leur attention, juſqu'à preſcrire une maniere uniforme de faire ces ſommations; de-là vient que la forme en eſt différente dans différentes Provinces. Le Parlement de Paris fit, le 27 Août 1692, en attendant une Ordonnance du Roi ſur cet objet, un Réglement, dans ſon reſſort, qui preſcrit, à ceux qui veulent les faire, d'en demander d'abord permiſſion, par requête, aux Juges Royaux des lieux du domicile des peres & meres. Ces

(58) Arrêt du Parlement de Rouen du 24 Février 1736, contre un fils, veuf, âgé de ſoixante-trois ans.

(59) Telles que celles qui donnerent lieu à deux Arrêts du Parlement de Bretagne, des 23 Mars 1723, & 10 Juillet 1733, rapportés au Journal de M^e^. Duparc Poullain, *tom. 1*, *chap. 88*, leſquels admirent les peres après la majorité, & même après la ſommation reſpectueuſe, à prouver la ſubornation commencée en minorité, & ſuſpendirent le mariage juſqu'à cette preuve.

Juges ſont obligés de leur accorder la permiſſion, en vertu de laquelle les ſommations doivent ſe faire, en la ville de Paris, par deux Notaires Royaux, ou un Notaire Royal & deux témoins domiciliés, qui doivent ſigner avec le Notaire, à peine de nullité.

En d'autres endroits, on ſe borne à préſenter requête au Juge du lieu, Royal ou non Royal. En d'autres, enfin, on ne préſente point de requête; ce qui cependant eſt plus décent & plus conforme au reſpect dû à des peres & meres. On s'y borne à faire faire cette ſommation par deux Notaires Royaux ou non Royaux. Il ſeroit de la derniere indécence de la faire faire par des Huiſſiers, reſpectivement aux peres & meres: mais on n'a pas la même délicateſſe dans les ſommations qu'on fait aux autres parents.

Tant de précautions n'ont pas encore paru ſuffiſantes aux Légiſlateurs, contre les entrepriſes d'une paſſion violente & ingénieuſe. Ils ont exigé que le conſentement des parents conſigné dans leur procuration fût encore ſoumis à l'inſpection du miniſtere public (60), & que les

(60) Les concluſions de la partie publique, & le décret de Juſtice, n'ont pas toujours été d'uſage. L'origine que *d'Argentré* donne à cet uſage dans ſon Aitiologie, ſur l'article 496 de la Coutume de Bretagne, ſeroit une raiſon ſuffiſante pour l'abroger de nos jours où le même motif ne ſubſiſte plus, ſi beaucoup d'autres raiſon de prudence ne l'autoriſoient pas. *Non fuit*, dit-il, *id*

Juges autoriſaſſent le mariage des mineurs, par un décret (61), lorſque le pere ne vit plus: car, s'il vivoit, ſon conſentement ſeul ſuffiroit, à moins qu'on ne prouvât qu'il fût inapte à le donner (62).

Ils ont voulu que ce ne fût qu'après toutes ces formalités remplies, qu'on paſſât aux proclamations des bannies; & ces bannies n'étant établies que pour prévenir la clandeſtinité (63),

---

*quidem, veteri jure uſurpatum ut decretum, in minorum matrimoniis exigeretur, ſed meliori uſu ex Ducum & Regum ordinationibus indictum, ne, niſi ex judicantium decreto, matrimonia conciliarentur quod ipſum neceſſarium non erat, niſi ex eo tempore quo Procuratores Fiſci ſatisdationes exigere cœperunt de repræſentandis minoribus, integro ſtatu, & non maritatis, quæ obligatio diſſolvi nequit, niſi judicis interventu & auctoritate.*

(61) L'omiſſion de cette formalité, ſi toutes les autres ont d'ailleurs été obſervées, n'opere pas la nullité du mariage, comme il fut jugé par Arrêt du Parlement de Bretagne, du 25 Mai 1639, rapporté dans les Mémoires de M^e^. Chapel, *ad calcem* du tom. 2 de Sauvageau ſur Dufail, *chap. 221.* ce qui n'eſt pas une raiſon de négliger la formalité du décret.

(62) Car, dans ce cas, l'aſſemblée & la délibération des autres parents étant néceſſaire, il paroît qu'il y a autant de raiſons qu'après la mort du pere, pour que le mariage ſoit décreté de Juſtice, dont l'inſpection devient d'une auſſi grande utilité que ſi le pere n'exiſtoit plus.

(63) Verùm cùm Sancta Synodus .... gravia peccata perpendat quæ ex eiſdem clandeſtinis conjugiis ortum habent.... idcircò ſacri Lateranenſis Concilii, ſub Innocentio III celebrati, veſtigiis inhærendo præcipit, ut in poſterùm, antequam matrimonium contrahatur, ter à proprio contrahentium parocho, tribus continuis diebus feſtivis, in Eccleſiâ; inter miſſarum ſolemnia, publicè denuntietur inter quos matrimonium ſit contrahendum. *Concil. Trident. cap. 1, ſeſſ. 24 de reform. matrim.*

Pour obvier aux mariages clandeſtins, avons ordonné & ordonnons que nos Sujets de quelque état, qualité & condition qu'ils ſoient, ne pourront valablement contracter mariages, ſans proclamations précédentes de bans faits par trois divers jours de fêtes, avec intervalle compétent. *Ordon. de Blois, art. 40.*

en même temps qu'ils ont permis d'accorder dispense (64) de quelques unes des trois, pour des circonstances urgentes & des causes légitimes (65), ils ont défendu d'accorder dispense entiere de toutes (66); ils ont voulu que ces

---

(64) Ce sont les Evêques ou leurs Vicaires généraux qui seuls ont droit de délivrer ces dispenses; cependant dans le cas où l'on seroit sûr qu'il n'y auroit aucun empêchement Canonique, mais seulement quelques empêchements civils à craindre, la puissance séculiere ne pourroit-elle pas les accorder, puisque la formalité des bannies est d'institution civile, indépendamment de l'institution Ecclésiastique? C'est une question que je laisse à décider.

(65) Ces dispenses ne doivent être accordées que sur le requisitoire des plus proches parents. *Ordonnance de Blois, art. 40;* requisition qui fut jugée indispensable, pour le mariage des mineurs, par Arrêt du Parlement de Paris, du 22 Décembre 1687, rapporté au Journal du Palais, & ce, seulement, pour quelque urgente & légitime cause. *Ordonnance de Blois, art. 40*, sans quoi les dispenses pourroient être déclarées abusives. *Fevret*, Traité de l'abus, *liv. 5, chap. 2, nomb. 31*, & les Evêques ou leurs Grands Vicaires, être condamnés personnellement dans tous les dépens, dommages & intérêts des parties. *Arrêts des 29 Novembre 1612, & 27 Février 1627, rapportés par MM.* Louet & Brodeau, *lett. M, nomb. 17 & 52. Autre Arrêt du 13 Juin 1634, rapporté par* Bardet, *tom. 2, liv. 3, chap. 13.*

(66) Ces dispenses doivent être insinuées, & l'on doit faire mention d'icelles & de leur insinuation sur les regiftres de mariage, à peine de cinq cents livres d'amende contre les Curés: *Déclaration du Roi, du 16 Février 1692.*

Nous ne suivons point, en France, la discipline du Concile de Trente, qui permet la dispense de toutes les bannies avant les épousailles, en cas qu'il y ait à craindre que le mariage ne soit empêché malicieusement, à moins que les circonstances ne fussent extrêmement graves; auquel cas les Evêques seuls, & non leurs Grands Vicaires, peuvent accorder ces dispenses, suivant *Fevret*, Traité de l'abus, *liv. 5, chap. 2*, nom. 28: c'est aussi le sentiment de *Ducasse*, à moins qu'il n'y en auroit clause expresse dans leurs lettres de Vicariat, pour en user, en cas de nécessité & de quelque péril ou inconvénients notables. V. son Traité de la Jurisdiction Ecclésiastique, *tom. 1 page 242*: l'opinion de *Fevret* & de *Ducasse*, est conforme aux Conciles de Langres & de

bannies fussent faites par le propre Curé ou autres Prêtres par lui délégués (67), dans les Paroisses où les parties ont leur domicile de fait & de droit, par trois Dimanches ou Fêtes, avec intervalle compétent (68), au Prône de la Messe solemnelle (69), & non à Vêpres ni en autre temps, sans quoi il y auroit abus (70).

La formalité des bannies n'est pas absolument

---

Chartres, qui ne permettent pas aux grands Vicaires de pouvoir dispenser de trois bans. Cependant, suivant *Gilbert*, dans ses institutions Ecclésiastiques, c'est l'usage constant du Royaume, que le Grand Vicaire accorde dispense de trois bans, parce qu'il est compris, selon *Barbosa*, *Cabassut*, & *Flaminius Parisius*, sous le terme d'*Ordinaire*, auquel le Concile de Trente accorde le droit de dispenser de trois bans : opinion qui a été autorisée par Arrêt du Conseil privé du Roi, en date du 22 Juin 1725, confirmatif d'un Arrêt du Parlement de Bretagne, du 19 Janvier 1724, rapporté au Journal de M^e^. Duparc Poullain, *tom. 1*, *chap. 2*. Quoi qu'il en soit, à moins de circonstances très-graves, on ne doit point accorder dispense de toutes les bannies, parce que l'Ordonnance de Blois le défend, *art. 40*.

(67) Déclaration du 26 Novembre 1639. Ces bannies ne peuvent être faites, par un Sergent ni autres, comme il fut jugé par Arrêt du 13 Mai 1614, rapporté par *Brodeau* sur M. Louet, *verbo*, *Mariage*, somm. 6, nom. 2. Et si le Grand Vicaire avoit ordonné que les bans seroient publiés par un Prêtre étranger, & dans un autre Paroisse que celle des Parties, il y auroit abus, suivant *Fevret*, Traité de l'abus, *liv. 5*, *chap. 2*, *nomb. 28*.

(68) Ordonnance de Blois, *art. 40*, ce qui s'entend, en cas qu'il n'y ait dispense d'aucune des bannies. Le domicile de fait s'établit par six mois pour ceux du même Diocese, & par un an, pour ceux d'un Diocese étranger : Edit de 1697. Un des motifs de l'Arrêt du 5 Mai 1710, en déclarant nul un mariage, fut qu'il étoit abusif, en ce qu'il n'y avoit pas eu de publications de bans faites aux Paroisses du domicile véritable du mineur & du curateur. On fit encore valoir ce moyen contre le mariage du sieur de la Bedoyere.

(69) Concile de Trente, *sess. 24*, *chap. 1*, *de la réform. du mariage*.

(70) Traité de l'abus, de Fevret, *tom. 2*, *liv. 5*, *chap. 2* *nomb. 25*.

néceſſaire pour la validité du mariage qui a été ordonné par Arrêt (71) ; elle ne l'eſt pas non plus pour la validité du mariage de deux majeurs (72), ni même de deux mineurs qui ſe marient du conſentement de leurs peres & meres (73).

---

(71) V. *Brodeau*, ſur M. Louet, *verbo*, *Mariage*; mais cela doit s'entendre, je penſe, du cas où l'on ne peut prévoir d'autres obſtacles ou empêchements que ceux qui ont été levés par l'Arrêt.

(72) L'omiſſion des bannies, en ce cas, ne prouveroit, comme le remarque *Ferriere*, Dict. de Droit, *verbo*, *Bans de mariage*, que la clandeſtinité; mais le mariage devenant public dans la ſuite, ne laiſſeroit pas de produire tous les effets civils, de même que s'il avoit été précédé de publications de bans, pourvu que, d'ailleurs, il n'y ait point d'empêchement dirimant, parce que la Déclaration de 1639, comme l'obſerve *Denizard*, en ſa collection de Juriſprudence, *verbo*, *Mariage*, ne met au nombre des mariages clandeſtins, que ceux qui ont été tenus cachés par les parties pendant leur vie. Ainſi, un mariage qui n'a été ſecret ou caché que pendant un temps, mais qui a été déclaré & rendu public avant la mort d'un des époux, n'eſt pas ſujet aux peines prononcées contre les mariages clandeſtins.

Au reſte, il y a une infinité d'Arrêts qui ont jugé que la ſeule omiſſion des bannies n'entraînoit pas la nullité du mariage des majeurs : tels ſont, entr'autres, celui du 7 Août 1638, rapporté par Bardet, *tom.* 2, *liv.* 7, *chap.* 38 : ceux du 15 Mars 1691, & du 26 Mai 1713, rapporté au Journal des Audiences, & celui du Conſeil privé, du 22 Juin 1725, ci-devant cité.

(73) C'eſt ce qui fait aſſez connoître le préambule de la Déclaration du Roi du 16 Février 1692, où il eſt dit: » Il nous a » été repréſenté qu'encore que l'Inſinuation des diſpenſes de bans » faſſe une des plus conſidérables parties des émoluments des » Greffiers des Inſinuations Eccléſiaſtiques, cependant ils n'en re» tiroient pas tout le profit qu'ils en devoient attendre, parce que » par l'Article 19 de l'Edit du mois de Décembre 1691, nous » avions ſeulement ordonné une peine des nullités deſdites diſ» penſes, faute de les inſinuer ; ce qui n'emporteroit aucune » obligation de les faire inſinuer, *à l'égard des perſonnes majeures* » *ni même des mineurs qui contracteroient mariage, du conſentement de leurs peres & meres, le défaut de publication de bans n'étant jugé eſſentiel, pour la validité du mariage des perſonnes mineures*, » &c.

S'il se trouve des oppositions sur les bannies, les enfants de famille sont obligés de les faire vuider & d'en avoir main-levée par écrit, avant de passer outre au mariage, pour ne pas courir les risques de le voir déclarer non valablement contracté (74).

---

La raison de la validité du mariage des mineurs, malgré le défaut de publication de bans, lorsqu'ils le contractent avec le consentement de leurs peres & meres, est fondée sur ce que le motif de la loi, pour exiger les bannies, qui est la crainte que le mariage ne soit célébré à l'insçu des peres & meres, cesse en ce cas. Cependant, je crois que dans tous les cas, il est beaucoup plus prudent de ne pas omettre cette formalité qui a d'autres motifs accessoires.

(74) Arrêt du 3 Décembre 1691 rapporté au Journal des Audiences, qui jugea non valablement contracté le mariage d'un majeur même de trente-deux ans, qui avoit négligé de faire vuider l'opposition que son pere y avoit formée, au préjudice de laquelle, il avoit obtenu dispense de deux bans, & ensuite s'étoit marié. Il est à remarquer qu'il ne paroît pas que ce fils eût fait de sommation respectueuse à son pere. Un des motifs de l'Arrêt du 15 Juin 1691, rapporté au Journal des Audiences, fut que le fils âgé de vingt-six ans, avoit négligé de faire prononcer main-levée de l'opposition de sa mere, avant de passer outre à son mariage, qui fut déclaré non valablement contracté.

L'opinion de Me. *Pottier*, dans son Traité du contrat de mariage, & *d'Hericourt*, dans ses Loix Ecclésiastiques, est contraire à la Jurisprudence établie par ces Arrêts. Ils pensent que l'omission de faire vuider les oppositions ne doit pas, dans ces cas même, faire déclarer le mariage non valablement contracté. Cependant, cette opinion paroîtra susceptible de distinction, si l'on fait attention que l'opposition des peres & meres étant, dans ce cas, une suite du droit qu'ils ont d'empêcher le mariage que leurs enfants voudroient faire sans avoir requis leur approbation, ce seroit rendre la loi du consentement des peres & meres illusoire, si l'on admettoit que les mariages contractés sans avoir fait lever leur opposition, ne doivent pas être, pour cela, déclarés non valablement contractés, tout ainsi qu'ils le sont par le défaut de requisition de consentement.

Il est défendu aux Officiaux d'ordonner, par provision, la publication des bans, avant d'avoir statué sur les oppositions. *Arrêt de Réglement du Parlement de Paris, du 18 Mars 1733.*

Dans le délivrement des bannies, on doit faire mention expresse du temps où elles ont été publiées; & ces certificats doivent être tirés des registres des Curés. Des certificats en termes généraux ne serviroient de rien (75).

Ce n'est qu'après toutes ces formalités que les mariages des enfants de famille peuvent être célébrés, & cette célebration même est accompagnée de beaucoup d'autres, elle doit se faire par le propre Curé des Parties ou ses délégués (76),

---

(75) Arrêt du Parlement de Grenoble, du 24 Juillet 1655, rapporté par *Brodeau*, sur M. Louet, *lett. M. somm 6. nom. 85*.

(76) Ordonnance de 1639. Edit de 1697. Outre les autres motifs qui firent déclarer nul le mariage dont parle l'Arrêt du 5 Mai 1710, rapporté au Journal des Audiences, & qu'on a déjà cité, ce mariage fut jugé abusif, par le défaut de présence du propre Curé des parties & du curateur. Ce fut par le même motif, que le célebre Arrêt de la Demoiselle de la Force, rapporté au Journal des Audiences, *tom. 4. liv. 4. chap. 26*, déclara abusif son mariage avec le sieur de Brion, fils, célébré dans la chambre de la Demoiselle, par un autre que le propre Curé, malgré l'intervention de vingt-deux de ses parents, des plus considérables de la Cour, qui s'étoient joints, pour faire confirmer ce mariage.

Le Concile de Trente déclare nuls les mariages célébrés hors la présence du propre Curé ou de ses délégués, & suspend de droit les Prêtres qui osent, sans la permission du propre Curé, marier les personnes de sa Paroisse. Si les Ordonnances ne prononcent pas expressément la nullité du mariage fait hors la présence ou sans la permission du propre Curé, ces distinctions que les Canonistes établissent entre les Ordonnances & le Concile, tant sur cette formalité que sur les autres, telles que la publication des bans & la présence des témoins, pour l'omission desquelles les Ordonnances & le Concile ne prononcent pas également la nullité, peuvent être conciliées, par le principe que, toutes ces formalités n'étant établies que pour empêcher la clandestinité & la violation de la loi, qui prescrit la requisition du consentement des parents (vices qui opérent la nullité du mariage, comme nous l'avons dit, tant quant au contrat civil que quant au Sacrement), on doit également prononcer nullité, tant quant aux effets civils que quant au Sacrement, pour l'omission de

auxquels les Législateurs ont enjoint de s'enquérir soigneusement d'avec ceux qui sont présents aux épousailles, où doivent assister au moins quatre témoins (77) dignes de foi (78), de l'âge & qualité de ceux qui veulent se marier, depuis quel temps ils sont domiciliers de leur Paroisse (79), particuliérement, s'ils sont enfants de famille ou en la puissance d'autrui, afin d'avoir, en ce cas, le consentement de leurs peres,

---

ces formalités accessoires, ou bien les loix contre la clandestinité, & l'omission de requérir le consentement des parents, deviendroient illusoires, par la facilité qu'il y auroit à les éluder, si l'on n'employoit pas, pour déclarer nuls les mariages en ce cas, les mêmes fictions dont nous avons parlé au Chapitre cinquieme, au sujet de la nullité des mariages des enfants de famille, faits à l'insçu de leurs parents, tant quant aux effets civils que quant au Sacrement, quoique le Concile de Trente ni les Ordonnances ne prononcent pas expressément cette nullité.

(77) Ordonnance de 1639. Edit de 1697. Comme deux témoins font foi en toute autre matiere, le Concile de Trente n'en avoit exigé que deux ou trois; nos Ordonnances en exigent quatre: Cependant *Theveneau*, sur l'Article 40 de l'Ordonnance de Blois, décide que les témoins requis, par cette Ordonnance, se peuvent suppléer par équivalent, & cela est indubitable, dans l'esprit de l'Ordonnance de 1667, lorsqu'il y a un commencement de preuve par écrit. C'est ce qui fut implicitement jugé par les Arrêts du Parlement de Bretagne du 19 Janvier 1724, & du Conseil Privé du 22 Juin 1725, ci-devant cités. *Cabassut*, *Van-Espen*, & plusieurs autres Canonistes vont plus loin, & soutiennent que, sur ce chef, les Ordonnances ne s'observent point, & que, suivant l'usage le plus commun, deux témoins suffisent. C'est ce que jugea l'Arrêt du 29 Mars 1664, rapporté par *Des Maisons*, en confirmant le mariage de Catherine Buron, dont l'acte de célébration n'avoit été signé que de deux témoins.

(78) Qui sçachent signer, ou de l'incapacité desquels doit être fait mention sur le registre, suivant l'Edit de 1697, & l'esprit de l'Arrêt du 26 Mai 1713, ci-devant cité, & la Déclaration du Roi du 9 Avril 1736.

(79) Arrêt, en forme de Réglement, du Parlement de Paris, du 29 Décembre 1699, rapporté au Journal des Audiences.

meres, tuteurs ou curateurs, qui doivent souscrire sur le registre l'acte de célebration, s'ils n'ont pas donné leur consentement par écrit (80).

Les Parties contractantes doivent aussi souscrire l'acte de célébration, ou il y sera fait mention de leur déclaration de ne sçavoir signer (81).

Enfin, il est défendu aux Curés ou à leurs délégués (82) de célebrer le mariage des enfants de famille, s'il ne leur apparoît du consentement des peres & meres, tuteurs & curateurs (83), sur

---

(80) Parce que ce consentement doit être prouvé par écrit, & non par témoins, suivant un Arrêt du Parlement de Provence du 18 Mars 1655, rapporté par Boniface, *tom. 1. l. 1. tit. 2. nom. 13.*

(81) Conformément à l'Article 10 du tit. 20 de l'Ordonnance de 1667, & à l'Article 7 de la Déclaration du Roi, du 9 Avril 1736. Cependant le défaut de signature des Parties contractantes n'emporte pas la nullité du mariage, comme il fut décidé par le célebre Arrêt du Parlement de Paris.

(82) Il faut, dans la stricte regle, le concours des deux Curés des Parties contractantes, si elles sont de différentes Paroisses : mais le délivrement des bannies établit suffisamment le concours de celui qui ne s'y trouve pas. La présence de celui qui s'y trouve n'est point une simple présence corporelle qui pourroit être forcée & involontaire, mais elle doit être accompagnée de la part de ce Curé ou de ses délégués, & de l'approbation donnée au nom de l'Eglise au consentement respectif des Parties & de la bénédiction nuptiale : c'est pourquoi il est défendu à tous les Notaires & à toutes les autres personnes publiques de recevoir des actes, par lesquels deux personnes déclarent en présence du Curé ou d'un autre Ecclésiastique, qu'elles se prennent pour mari & femme : mais si le propre Curé ou ses délégués, refusent de marier les Parties, ils sont obligés de donner par écrit les causes de leur refus, lorsqu'ils en sont requis. *Loix Ecclésiastiques de d'Hericourt, part. 3, chap. 5, art. 1, nom. 37*, & *Arrêts de Réglement du Parlement de Paris, du 5 Septembre 1680, & du 10 Mars 1713*, afin que les Parties puissent se pourvoir par devant l'Official, contre le refus de les marier. *Arrêt du 10 Juin 1692, rapporté au Journal des Audiences.*

(83) Ce consentement par écrit doit être attaché ou transcrit

peine d'être punis comme fauteurs du crime de rapt (84) : or, les fauteurs du rapt sont punis comme les ravisseurs mêmes, c'est-à-dire, de mort (85).

Il faut que les Législateurs aient eu bien à cœur de maintenir l'autorité des parents sur les enfants de famille, pour prononcer des peines aussi rigoureuses que celles du rapt, contre ceux même qui ne font que favoriser ces mariages à l'insçu des parents.

Les loix qu'ils ont faites contre le rapt, sont, aussi bien que la cassation des mariages & l'exhérédation, de toutes les précautions qu'ils ont prises, les plus efficaces, parce qu'elles sont les

---

sur le registre, suivant un Arrêt de Réglement du Parlement de Paris, du 5 Septembre 1710 ; il doit être énoncé dans les actes de célébration, suivant la Déclaration du Roi, du 9 Avril 1736. Il n'est pas nécessaire que cette célébration se fasse dans la Paroisse de l'une ou l'autre des Parties ; elle peut se faire dans une Paroisse étrangere, pourvu qu'un des Curés ou ses délégués soient présents, le Concile de Trente n'exigeant que cette présence, sans désigner le lieu, & pourvu qu'il n'y ait ni dol ni fraude. C'est le sentiment de *Sanchez*, *Navarre*, *Barbosa* ; *& de Fevret*, *Traité de l'Abus*, *liv.* 5, *chap.* 2, *nom.* 43.

(84) Edits de 1579, 1580, 1697, &c.

(85) Ordonnance de 1639. Cette punition contre ceux qui coopérent au mariage des enfants de famille, à l'insçu de leurs parents, fait bien sentir qu'on présume le rapt, par le défaut de consentement des parents. Ainsi, les Parlements, dans cette présomption, ne font que se conformer à l'esprit des Ordonnances. La peine de mort n'a pas toujours lieu contre les fauteurs & complices du rapt. Cela dépend de l'autorité des circonstances. Quelquefois ils ne sont condamnés qu'au fouet, quelquefois qu'au bannissement, & lorsqu'ils n'ont contribué au rapt que légérement, ils ne sont condamnés qu'au blâme.

plus effrayantes : mais comme toute loi de rigueur doit être, pour en tempérer l'excès, renfermée dans ses justes bornes, je dois entrer dans la discussion de l'étendue de ces peines, & par le détail qu'exige cette discussion, traiter du rapt, de la cassation des mariages & de l'exhérédation, par Chapitres séparés.

# CHAPITRE VII.

## DU RAPT.

L'HORREUR que l'Eglise & nos Rois, dès les principes de la Monarchie, ont eue du rapt, leur a été commune avec les autres Législateurs, qui, tous, excepté *Solon*, seul, l'ont puni de mort.

Le rapt, comme le fait assez sentir son étimologie, *raptus*, est l'enlevement qu'on fait d'une personne. On distingue deux especes de rapt: l'un de violence, l'autre de séduction. La peine de mort est également prononcée contre l'un & l'autre (86); l'un & l'autre est également un empêchement dirimant du mariage, suivant les Ordonnances (87).

(86) C'est le texte précis des Déclarations du Roi, des mois de Novembre 1639 & 1730. Cependant la Jurisprudence adoucit la rigueur de ces loix, suivant les circonstances. Le rapt de violence fait à main armée & avec gens attroupés, est puni de mort. Il est encore puni de mort, lorsque la personne enlevée est d'une condition beaucoup supérieure au ravisseur; à moins de circonstances aussi graves, on ne le punit que des galeres à temps ou à perpétuité, & de condamnation pécuniaire. On observe les mêmes tempéramments, dans le rapt de séduction, surtout lorsqu'il n'est que présumé par le seul fait du mariage contracté à l'insçu des parents, sans être accompagné de caracteres marqués & non équivoques de séduction.

(87) Déclarations de 1639 & de 1730 & autres; ce qui n'est pas, comme nous l'avons dit au Chapitre cinquieme, contraire à l'esprit du Concile de Trente, qui parle du rapt en général.

Le rapt de violence eſt l'enlevement forcé de la perſonne ravie qui n'y conſent pas (88).

Le rapt de ſéduction a lieu, lorſqué, ſans employer la violence, mais par de mauvaiſes voies & de mauvais artifices, on engage une jeune perſonne, à un mariage, à l'inſçu de ſes parents (89).

Ces deux eſpeces de rapt étoient connus, dès les commencements de la Monarchie, parmi nous, & l'Egliſe & l'Etat concoururent également à les punir (90), en excluant, pour jamais (91), le raviſſeur, de l'eſpoir d'épouſer la perſonne ravie, même après que la liberté lui

---

(88) *Durand de Maillane*, Diction. de Droit Canon. *Verbo*, Rapt.

(89) *Pottier*, Traité du contrat de mariage, *part. 3, chap. 3, nom. 228.*

(90) Sans remonter aux loix antiques, dont nous avons déjà parlé, & dans leſquelles on apperçoit des traces de ſévérité contre le rapt de violence & le rapt de ſéduction : en voici d'autres preuves, dans le Concile de Troiſſy. *Hi*, y eſt-il dit, *qui rapiunt fœminas, vel furantur aut ſeducunt, eas nullatenùs habeant uxores, quamvis eis poſt modum conſenſerint, aut eas dotaverint, vel nuptialiter, cum conſenſu parentum ſuorum, acceperint.* Charlemagne dit la même choſe dans ſes Capitulaires, *l. 7, cap. 395.* En faiſant, du rapt, un empêchement dirimant, le Concile de Troiſſy ne fait que répéter une Diſcipline établie long-temps auparavant, dans les Conciles d'Ancyre, de Calcedoine, de Châlons-ſur-Saone, d'Orléans & de Méaux.

(91) Cela eſt conforme à la loi unique, *de raptu Virgin.* de laquelle, la plus grande partie de nos loix ſur le rapt ſont tirées, *Quoniam*, dit l'Empereur, *nullo modo, nulloque tempore datur licentia eis conſentire qui, hoſtili more, matrimonia ſtudent ſibi conjungere.* Les Novelles 143 & 150, contiennent la même prohibition.

auroit été rendue, & quelque consentement qu'elle eût pu y donner dans la suite.

Si la rigueur de cette discipline fut mitigée dans la suite, & si le rapt, d'empêchement dirimant qu'il étoit, dans les premiers siecles, ne fut plus regardé, depuis le dixieme siecle, jusqu'au Concile de Trente, que comme un empêchement simplement empêchant, & qui se trouvoit levé, comme le décida Innocent III (92), par le consentement libre de la personne ravie, on doit dire que le Concile qui s'étoit refusé aux sollicitations de la Cour de France, sur la nullité des mariages des enfants de famille, faits sans le consentement de leurs parents, ne crut pas devoir être aussi modéré sur la nullité des mariages, dont le rapt est le principe. Ce qu'il ne présumoit pas indistinctement dans tous les mariages, faits sans le consentement des parents, quoique cette présomption ne soit pas contraire à l'esprit de droiture & de religion qui le guidoit.

La discipline des premiers siecles de l'Eglise, fut donc établie par le Concile de Trente, qui déclara le rapt empêchement dirimant, & conséquemment, nuls les mariages qui en seroient le fruit, mais avec cette modification, qu'au lieu que, dans les premiers siecles de l'Eglise, Elle

(92) *Cap. 7, ext. de raptoribus.*

& l'Etat excluoient pour jamais, le raviſſeur, de tout eſpoir de mariage avec la perſonne ravie, le Concile de Trente (93), & à ſon exemple, les Ordonnances de nos Rois (94), adoucirent la rigueur des anciennes Loix canoniques & civiles, en limitant cette prohibition, pour le rapt de violence (95), au temps que la per-

---

(93) *Decernit ſancta Synodus, inter raptorem & raptam, quandiù ipſa, in poteſtate raptoris, manſerit nullum poſſe conſiſtere matrimonium. Quod ſi rapta à raptore ſeparata & in loco tuto & libero conſtituta, illum in virum habere conſenſerit, eam raptor in uxorem habeat & nihilominùs raptor ipſe ac omnes illi conſilium, auxilium & favorem præbentes ſint, ipſo jure excommunicati ac perpetuò infames, omniumque dignitatum incapaces, & ſi clerici fuerint, de proprio gradu decidant. Teneatur præterea raptor mulierem raptam, ſive eam duxerit uxorem, ſive non duxerit, decenter arbitrio judicis dotare.* Concil. Triden.. Seſſ. 24, Cap. 6, de reform. matrimon.

(94) L'Ordonnance de 1639, déclare, *conformément aux ſaints Décrets & Conſtitutions Canoniques*, » les mariages faits entre les » raviſſeurs & les perſonnes ravies, de quelque âge & condition » que les perſonnes ravies ſoient, non-valablement contractés, » ſans que, par le temps, ni que par le conſentement des perſon» nes ravies, de leurs peres, meres, tuteurs & curateurs, ils puiſ» ſent être confirmés, tandis que les perſonnes ravies ſont en la » puiſſance du raviſſeur. Et néanmoins, en cas que, ſous prétexte » de majorité, la perſonne ravie donne un nouveau conſente» ment, après être miſe en liberté, pour ſe marier avec le ra» viſſeur, elle déclare elle & leurs enfants, indignes & incapa» bles de légitime & de toutes ſucceſſions directes & collatérales; » & les parents favoriſant un tel crime, & leurs hoirs, incapables » directement ni indirectement de ſuccéder aux perſonnes ravies.

(95) Ce n'eſt donc que depuis que la violence n'a plus lieu, qu'on peut réhabiliter le mariage: mais il ne faut pas ajouter avec M. *d'Hericourt*, dans ſes Loix Eccléſiaſtiques, part. 3, Chap. 5, art. 2, nom. 71; *ou depuis que la ſéduction n'a plus eu de lieu*; il faudroit dire depuis que l'enlevement, qui a ſuivi la ſéduction, n'a plus lieu, & que la perſonne ravie eſt retournée au pouvoir de ſes parents: car, s'il n'y a que ſéduction, ſans déplacement, il n'y auroit pas de raiſon à dire qu'on ne devroit réhabiliter le mariage qu'après que la ſéduction n'auroit plus lieu, puiſque la perſonne ſéduite eſt toujours préſumée au pouvoir du ſéducteur,

ſonne

sonne ravie seroit au pouvoir du ravisseur, qui ne peut l'épouser que lorsqu'elle est en liberté, si elle y consent. Encore concourent-ils à infliger aux ravisseurs, malgré cette circonstance, des peines canoniques & civiles.

Les circonstances qui établissent le vrai caractere du rapt de violence sont : 1°. qu'il y ait enlevement forcé & violent, contre le gré de personne ravie, suivant *Cabassut* : 2°. que la personne enlevée soit mise en la possession du ravisseur, suivant le Concile de Trente : 3°. que si la personne ravie est mineure, il faut que cet événement soit contre le gré de ses parents. Il ne suffiroit pas qu'il fût contraire à sa volonté seule, pour établir le rapt : 4°. si la personne

---

tandis qu'après avoir tenté à se marier, contre le gré & à l'insçu de ses parents, elle persévere à vouloir s'unir avec le séducteur. Si son corps n'est pas en son pouvoir, son cœur est toujours captivé par les chaînes de la séduction. Il faudroit donc la supposer dans un état d'indifférence, pour la supposer hors du pouvoir du séducteur, & ce ne seroit pas la circonstance la plus propre à former un lien que doit cimenter l'inclination réciproque. Ainsi, on ne peut penser que le Législateur ait eu en vue le rapt de séduction, lorsqu'il a donné à la personne ravie la liberté de se marier avec le ravisseur, après qu'elle ne seroit plus en sa puissance, c'eût été dire, après qu'elle ne l'aimeroit plus, à moins que la séduction n'ait été suivie du déplacement & de la détention de la personne ravie : mais dans le cas d'une séduction simple & sans déplacement, il n'a pu donner cette permission après que la séduction n'auroit plus lieu : car, il seroit très-dangereux de faire un mariage, après qu'il n'y auroit plus d'inclination : aussi l'Article 2 de la Déclaration du Roi, du 22 Novembre 1730, sur le rapt de séduction, défend le mariage, quand même la personne ravie & ses pere & mere, tuteur & curateur le requéreroient expressément, avant ou après la condamnation.

ravie eſt majeure, il ſuffit qu'elle ſoit enlevée contre ſon gré, parce qu'elle ne dépend que d'elle-même.

Les circonſtances qui établiſſent le vrai caractere de ſéduction ſont : 1°. que la perſonne ravie ſoit mineure, ne pouvant y avoir de préſomption de rapt de ſéduction, à l'égard (96) des majeurs ; circonſtance qui le différencie d'avec le rapt de violence : 2°. il faut qu'il y ait des promeſſes, des careſſes, des aſſiduités qui ſéduiſent la perſonne ravie & l'engagent à ſe conformer aux volontés de ſon ſéducteur : 3°. il faut que l'enlevement ou le déplacement concerté de la perſonne ravie, ſe faſſe de ſon conſentement : 4°. il faut que la ſéduction ſe faſſe ſans l'acceſſion & le conſeil des parents, car il n'y auroit plus alors *raptus in parentes* : 5°. la ſupériorité extrême de fortune ou de condition, dans la perſonne ravie, ſur ſon raviſſeur, établiſſent le caractere de rapt de ſéduction.

Le rapt de violence & celui de ſéduction, ont de commun, qu'il faut que l'un & l'autre rapt ait pour but le mariage de la perſonne ravie (97) avec ſon raviſſeur, l'enlevement d'une

---

(96) Un Arrêt du Parlement de Provence, du 29 Janvier 1678, rejetta l'accuſation en ſubornation qu'une fille majeure avoit intentée contre un mineur.

(97) Ce n'eſt pas qu'on ne puniſſe des peines les plus ſéveres

fille *explendæ libidinis causâ*, ne formant pas un empêchement dirimant, suivant les canons.

L'un & l'autre rapt a encore de commun, qu'il n'est pas nécessaire que la personne ravie ait été violée.

Il faut, de plus, que la personne ravie ait la réputation d'une fille d'honneur, & non d'une prostituée : car la présomption seroit alors contre elle.

On regarde le rapt de séduction, comme beaucoup plus dangereux que le rapt de violence, parce que, comme le remarque un illustre Avocat général (98), » celui-ci n'exerce son pou-

---

le rapt qui a pour but la jouissance illicite de la personne ravie, sur-tout si c'est une fille d'honneur ou de condition supérieure au ravisseur, parce que, quoique les effets de ce rapt ne soient pas si funestes à l'ordre de la société, une fille déshonorée ne doit pas moins affliger une famille, qu'une fille mariée contre son consentement; mais le simple commerce illicite n'est pas dans ce cas, à moins que l'inégalité absolue, ou l'atrocité des circonstances, ne fasse considérer ce commerce comme un rapt de séduction & digne des mêmes châtiments.

La différence qu'il y a entre un rapt, *tantùm modò matrimonii jungendi causâ*, comme s'exprime le canon, *si quis*, 36. q. 2, & un rapt, *libidinis explendæ causâ*; est que le premier produit un empêchement dirimant pour ceux qui, après avoir commencé par le rapt, à dessein de se marier, voudroient contracter effectivement mariage, ou l'auroient contracté, au lieu que l'autre ne produit point d'empêchement dirimant, pour ceux qui, après avoir commencé par le rapt, dans les vues d'une jouissance illicite, voudroient épouser la personne ravie.

(98) M. de *Lamoignon*, Avocat Général, qui porta la parole, lors de l'Arrêt du 26 Février 1675, rapporté au Journal des Audiences, *tom.* 3, *liv.* 2, *chap.* 2, lequel débouta la veuve Charlet, de sa prétention de légitimité de son mariage, avec le sieur Charlet, qui l'avoit renouvellé, nonobstant la défense de l'Arrêt de 1663.

» voir que sur le corps, au lieu que l'autre l'exerce » sur l'esprit; nos propres passions alors se ban» dent contre nous, & sont d'intelligence pour » nous trahir. L'adresse avec laquelle elles nous » attaquent, trouve en nous beaucoup plus d'ap» pas que de résistance, & comme, s'il y avoit » de la douceur dans cet esclavage, nous ten» dons nos mains aux fers, & courons à notre » servitude.

Il est de maxime générale que la présomption de rapt de séduction n'a lieu que de majeur à mineur, & non lorsque les Parties sont toutes deux majeures ou toutes deux mineures (99),

(99) Le rapt de séduction peut être objecté, quelquefois, cependant, entre deux majeurs, lorsque la subornation a commencé en minorité. C'est ce qui a été jugé, par une infinité d'Arrêts; nous en voyons deux, entr'autres, dans le Journal de Me. *Duparc Poullain*, en date du 13 Mars 1723, & 10 Juillet 1733, rapportés dans le *tome 1*, *chap. 88*, qui permirent d'instruire criminellement la subornation commencée en minorité. *Basnage*, sur l'art. 369 de la Coutume de Normandie, rapporte un Arrêt du Parlement de Rouen, du 30 Juillet 1683, qui fit défenses au sieur Dansernet du Quesnoy, quoiqu'âgé de plus de 30 ans, de contracter mariage avec une fille dont le pere étoit valet de coche, parce que la subornation étoit prouvée avoir commencé en minorité, par un Arrêt de défenses de contracter mariage avec la même fille, que le pere du sieur Quesnoy avoit obtenu, lorsqu'il n'avoit que 24 ans.

Il peut aussi se trouver des circonstances assez fortes, pour présumer le rapt de séduction entre deux mineurs, & il faut qu'elles soient extrêmement graves. M. l'Avocat Général *Joli de Fleuri*, fut de ce sentiment, dans la cause de Bernard Berger, & l'Arrêt du 12 Avril 1704, rapporté au Journal des Audiences, *tom. 5*, *liv. 4*, *chap. 7*, paroît l'avoir ratifié, en cassant le mariage: mais ces exceptions particulieres ne détruisent point la maxime générale.

parce qu'on ne peut présumer de séduction dans un âge libre, non plus que dans un âge qui ne l'est pas. Entre deux Parties, qui sont toutes deux majeures, on présume assez de force d'esprit dans l'une & dans l'autre, pour résister aux attraits de la séduction; & entre deux Parties, qui sont toutes deux mineures, par la raison qu'un âge aussi peu mûr n'est pas censé capable des réflexions étudiées & des artifices médités que prépare la séduction & qu'elle met en œuvre, il est incertain laquelle des deux est la séduite ou la séductrice, & si l'on présumoit quelque séduction, on ne pourroit présumer qu'une séduction réciproque (100). Il faut donc, pour donner lieu à la présomption de rapt de séduction, qu'il y ait une des Parties qui soit majeure & l'autre mineure, & c'est la premiere qui est présumée la partie séductrice, & la seconde, la partie séduite (101).

---

(100) Dans le cas de la présomption d'une séduction réciproque, on ne donne point de dommages & intérêts, pour le mariage, ni pour la débauche commencée avant le mariage, comme l'observa M. l'Avocat Général *le Nain*, lors de l'Arrêt du 12 Juillet 1706, rapporté au Journal des Audiences, *tom. 5. liv. 6. Chap. 23.*

(101) Cette distinction de majorité dans le ravisseur, & de minorité dans la personne ravie, n'a pas lieu pour le rapt de violence, puisqu'un mineur peut aussi bien se rendre coupable de ce rapt que le majeur le plus robuste, & que la fille majeure la plus raisonnable peut en être aussi bien la victime que la mineure la plus inexpérimentée : mais cette distinction n'est-elle pas sujette à inconvénients, même pour le rapt de séduction ? Peut-

Quoiqu'il ne paroiſſe pas, dans tous les cas, un rapt de ſéduction avéré, la ſeule circonſtance du défaut de requiſition du conſentement des parents le fait préſumer de droit, comme nous l'avons dit au Chapitre cinquieme, parce qu'on prend pour certain, par une fiction en faveur de l'autorité de famille, qu'il y a une ſéduction de la volonté, un enlevement du bon ſens, pour me ſervir de l'expreſſion de *Theveneau*, qui ôtent la liberté aux mineurs, qui les ſouſtraient à la ſoumiſſion qu'ils doivent à leurs parents. C'eſt ce qu'on appelle *raptus in parentes.*

---

on croire qu'une fille de vingt-deux à vingt-quatre ans ne ſoit pas plus capable de ſéduire un jeune homme de vingt cinq, que celui-ci de la ſéduire? L'étude continuelle que ſes paſſions & le deſir d'un établiſſement, le plus important objet de l'ambition des femmes, font faire à cette fille, des endroits foibles du cœur de l'homme & des moyens de le ſubjuguer, ne lui rendent-ils pas l'art de la ſéduction plus facile & plus propre qu'à ce jeune homme, ſouvent ſans expérience, & que des études plus ſérieuſes ont détourné des réflexions dangereuſes, que l'oiſiveté & le beſoin d'aimer font naître dans l'eſprit prématuré des femmes? L'Auteur du Mémoire ſur l'article 497 de la Coutume de Bretagne, qui donna lieu à la Déclaration du Roi, du 22 Novembre 1730, dit fort ingénieuſement, à ce ſujet; » Les Loix de » la bienſéance ont établi que les hommes attaquent, il eſt vrai, » mais elles ſont ſubordonnées à celles de la nature qu'ils ſont » forcés de ſubir d'abord. Leur attaque eſt précédée de leur » défaite, ils parlent les premiers: mais c'eſt quand ils ne ſont » plus maîtres de ſe taire, & s'ils deviennent quelquefois vain- » queurs, c'eſt toujours après avoir été vaincus.. .. Une jeune » fille étale tous ſes charmes; une mere adroite les fait valoir; » les entretiens ſécrets ſont ménagés. L'amour ſe met de la par- » tie; quel eſt le jeune homme valide qui puiſſe s'en défendre? C'eſt alors qu'on peut bien dire, avec M. le Chancelier *d'Agueſſeau*, dans le préambule de la Déclaration de 1730, dont nous avons parlé & dont il eſt le rédacteur, que » la ſubornation » qui vient de la part du ſexe le plus foible eſt ſouvent plus » dangereuſe. »

C'eſt auſſi ſur ce principe de la préſomption de rapt, qui eſt plus ſouvent employé que celui de l'imperfection du contrat par le défaut de conſentement valide, que les Avocats (102) & MM. les Gens du Roi (103) s'appuient pour demander la caſſation de pareils mariages, & que les Parlements la prononcent, comme le prouvent pluſieurs Arrêts qu'il ſeroit trop long de rapporter (104).

Cependant s'il n'y avoit pas, pour la perſonne ſéduite, un déſavantage réel dans ce mariage, ſi, au contraire, il lui étoit avantageux à tous égards, & qu'il fût régulier dans les autres parties, de maniere qu'on n'apperçût dans la réſiſtance des parents d'autres motifs que l'humeur & l'envie de venger leur autorité, ſans

---

(102) Il y en a des exemples innombrables dans les différents Plaidoyers. C'eſt auſſi le principe établi par *Theveneau*, ſur l'article 40, de l'Ordonnance de Blois. » L'Ambaſſadeur de France, » dit-il, demanda, au nom du Roi, au Concile de Trente, qu'il » fût fait un décret, par lequel les mariages des enfants de fa- » mille faits ſans le conſentement de leurs peres, meres, tu- » teurs & curateurs, fuſſent déclarés nuls : mais le Concile n'y » voulut entendre. Toutefois s'il y avoit rapt ou défaut de con- » ſentement, à cauſe de l'âge, par le moyen de la ſubornation, » en ce cas, les peres & meres les peuvent faire caſſer.

(103) Comme le fit M. *Bignon*, Avocat Général, rédacteur de l'Ordonnance de 1639, dans la cauſe de Marie l'Archevêque, mariée, quoique mineure & ſous la tutelle de ſa mere, à ſon inſçu, où il employa le moyen de la préſomption de rapt, pour faire caſſer ſon mariage, par Arrêt du 12 Février 1632. On en voit pluſieurs autres exemples dans les recueils d'Arrêts.

(104) Arrêts rapportés au Journal des Audiences, en dates des 17 Décembre 1674, & premier Mars 1677, & pluſieurs autres.

utilité pour leur mineur, cette présomption devroit être mise à l'écart (105), parce qu'elle seroit entiérement déraisonnable. Aussi les Parlements n'ont pas jugé à propos de déclarer non valablement contractés les mariages de quelques mineurs, qui s'étoient mariés en face d'Eglise & en présence du propre Curé, quand ils ont vu qu'il n'y avoit pas de rapt de séduction, & qu'on ne pouvoit raisonnablement le présumer; ce qui prouve bien que ce n'est que lorsqu'il y a de la vraisemblance dans cette présomption, que les Parlements déclarent les mariages des enfants de

---

(105) C'est apparemment par cette raison, que *Theveneau*, après avoir dit, que *s'il y avoit rapt ou défaut de consentement, à cause de l'âge, par le moyen de la subornation, en ce cas, les peres & meres les peuvent faire casser*; ajoute, *mais non sur le défaut seul de leur consentement.*

L'Auteur du Journal des Audiences est de la même opinion, lorsqu'il remarque, sur l'Arrêt du 16 Juillet 1711, que s'il n'y avoit nulle inégalité, ou qu'au contraire l'avantage fût du côté du mineur, alors il sembleroit difficile de déclarer le mariage abusif: » car, ajoute-t-il, quoiqu'il y ait toujours rapt, lorsque » le mineur n'a pas eu le consentement de ses pere & mere, » cela s'entend, pourvu que les peres & meres n'abusent pas » de leur pouvoir, parce que la puissance paternelle est subor- » donnée au Magistrat, & s'il y avoit avantage du mineur ou » même égalité, le Magistrat ne jugeroit pas qu'il y eût rapt: » aussi *Boucheul*, sur la Coutume de Poitou, *art. 260, nomb. 14*, dit que, » Si les enfants, quoique au-dessous de 25 ou 30 ans, » ne se mésallient pas, & qu'au contraire, ils aient épousé des » personnes dignes de leur alliance & où il ne se rencontre au- » cune tache de mœurs ou de condition, la raison des Ordon- » nances, & entr'autres de la Déclaration de 1639, ne s'y ren- » contrant pas, l'on autorise ces sortes de mariages, parce qu'en » ce cas l'on considere le refus des peres & meres, comme un » caprice & sans cause légitime.

famille, faits ſans conſentement de leurs parents, nuls, & qu'ils n'ont pour objet de toucher au Sacrement, que dans le cas où ils trouvent la nullité prononcée dans les déciſions de l'Egliſe, ſoit expreſſément, ſoit dans le rapprochement des principes qu'elle adopte.

Les loix ſur la néceſſité de requérir le conſentement des parents ſont perſonnelles, & obligent les enfants de famille, dans quelque endroit qu'ils ſe marient, de ſorte que la préſomption de rapt opere la nullité d'un mariage fait par un Français, mineur, en Pays étranger, comme s'il étoit contracté en France (106).

Il y a pluſieurs circonſtances qui peuvent rendre des parents non recevables à intenter l'action de rapt. Outre celles dont nous avons parlé, la Juriſprudence des Arrêts, tant des Parlements (107) que du Grand-Conſeil (108), a établi

(106) *D'Hericourt* rapporte un Arrêt qui déclara abuſif, en pareilles circonſtances, le mariage d'un mineur, contracté à Liege.

(107) Arrêt du Parlement de Paris, du 15 Mai 1676, rapporté au Plaidoyé 34, de *Lemaître*.

(108) Arrêt du 13 Septembre 1692, rapporté au Journal du Palais, *page 173 de la douzieme partie*, *édition de 1685*. Cet Arrêt fut rendu au ſujet du mariage de M. le Marquis de Richelieu, avec l'aînée des filles de M. le Duc de Mazarin, lequel attaquoit ce mariage qui s'étoit fait après l'enlevement de ſa fille. Il eſt à remarquer qu'il avoit donné lieu à ce rapt, en agréant d'abord les recherches de M. le Marquis de Richelieu, qui, ſous l'auſpice de cette bonne volonté primitive, s'étant lié de cœur avec la Demoiſelle Mazarin, ſe vit forcé de l'épouſer, lorſque le Duc de Mazarin changea de ſentiment. Il eſt encore

qu'ils n'y seroient pas recevables, dans les circonstances où la personne ravie y auroit consenti pour éviter d'être maltraitée sans raison, ou d'entrer en religion malgré elle.

Après avoir parlé du rapt, il faut passer à la cassation du mariage, dont il est la cause la plus ordinaire.

---

à remarquer que M. le Duc de Mazarin fut amené, après le rapt, à un accomodement qui lui avoit fait donner son consentement à ce mariage.

# CHAPITRE VIII.

## *De la caſſation du Mariage.*

COMME Sacrement, le mariage eſt ſoumis aux Loix de l'Egliſe : comme contrat civil, il l'eſt aux Loix de l'Etat. Tout contrat formé contre la prohibition des Loix eſt invalide ; le mariage, qui eſt le contrat le plus important de la ſociété civile, doit donc être déclaré nul & non valablement contracté, s'il l'eſt contre la prohibition des Loix canoniques & civiles.

Auſſi, les Conciles & les Ordonnances de nos Rois en prononcent-ils la nullité, toutes les fois qu'il y a omiſſion de quelques-unes des formalités eſſentielles que nous avons ci-devant détaillées. Il ſeroit inutile de répéter ce détail, & ce n'eſt pas de cela qu'il s'agit actuellement.

La caſſation eſt la plus ſévere des peines prononcées par les Loix de l'Egliſe & de l'Etat, contre les mariages où quelques-unes de ces formalités auroient été omiſes, ou qui auroient pour principe le rapt, ſoit de violence, ſoit de ſéduction.

Le jugement qui déclare qu'un mariage eſt non valablement contracté & nul, eſt l'acte qui caſſe le mariage.

On a deux voies pour se pourvoir en cassation du mariage qui a été contracté contre la prohibition des loix. L'ordinaire, qui est la demande en cassation, devant l'Official (109), & l'extraordinaire, qui est l'appel comme d'abus, en la Grand'Chambre du Parlement (110), qu'on peut employer dans le cas où les Loix canoniques & civiles n'ont pas été observées dans la celébration des mariages.

On ne peut porter devant l'Official que la discussion des matieres concernant *fœdus matrimonii*, toutes les fois qu'il s'agit d'intérêts temporels, de contestations fondées sur la police des Edits, & qu'il faut prononcer sur des parties purement civiles, l'Official ne peut en connoî-

(109) Nos Rois, en attribuant aux Juges d'Eglise, par les Edits de 1606 & de 1695, la connoissance des causes concernant le mariage, ne l'ont fait, qu'à charge que ces Juges fussent tenus d'observer les Ordonnances; en cas qu'ils y contreviennent ou aux Loix canoniques, on a la voie de l'appel comme d'abus, au Parlement.

C'est devant l'Official, & non devant l'Evêque, qu'on doit porter l'instance en cassation, parce que l'Evêque, s'étant démis de la Jurisdiction contentieuse entre les mains de son Official, ne peut connoître sans abus des causes qui sont portées en ce Tribunal, non plus qu'en matiere civile un Seigneur, ne peut connoître des causes de sa Jurisdiction; c'est le Juge seul qu'il a mandaté, qui est compétent pour cela.

(110) C'est à cette Chambre que les Ordonnances ont dévolu la connoissance des matieres d'abus. Il est défendu à tous Jugés, même aux Parlements, de connoître de la partie qui concerne le Sacrement, à l'exclusion des Juges d'Eglises, auxquels il est ordonné de les renvoyer, si ce n'est qu'il y eût appel comme d'abus interjetté. *Edit de 1695, art. 34.*

tre sans abus; il est radicalement incompétent (111) : ainsi, dans ce cas, c'est par la voie de l'appel comme d'abus, qu'il faut entreprendre la cassation du mariage.

Il peut se trouver deux genres de vices dans les mariages des enfants de famille, les uns absolus, les autres respectifs; il y a conséquemment deux genres de moyens d'abus, les uns absolus, les autres respectifs.

Les moyens d'abus absolus sont ainsi appellés, parce qu'ils sont fondés sur une prohibition générale de la loi, & dont la violation forme un empêchement dirimant, telle que celle de contracter mariage hors la présence du propre Curé, qui ne l'a pas permis, ou des témoins, ou bien lorsqu'il y a rapt (112) : alors, non-seulement

(111) Edit de 1695, art. 34. *Fevret*, Traité de l'abus, *liv.* 5. *Chap.* 2, *nom.* 23. Arrêts des 3 Août 1706, 16 Juillet 1708, 7 Janvier 1709, & 16 Juillet 1709, rapportés au Journal des Audiences. *Tom.* 5.

(112) Il semble qu'il n'y a que le rapt de violence qu'on puisse considérer comme vice absolu : car, à l'égard du rapt de séduction présumé par défaut de consentement de parents, il semble n'être qu'un vice respectif qui donne lieu à un moyen d'abus respectif que peuvent seuls proposer les parents qui devoient être requis de donner leur consentement; ainsi, la séduction, présumée par le défaut de consentement des peres & meres, n'est un moyen d'abus respectif qu'aux peres & meres, & que les autres parents ne peuvent faire valoir; mais, après la mort des peres & meres, comme le consentement des autres parents devient nécessaire, la séduction présumée de l'omission de réquisition de leur consentement, devient un moyen d'abus qu'ils peuvent faire valoir & qui leur est respectif. C'est ce que nous voyons, dans la cause de Bernard Berger, dont le mariage fut

les peres & meres, les tuteurs & curateurs, mais encore les Parties contractantes (113) & les collatéraux mêmes, après la mort d'une des Parties contractantes, dont ils sont parents, peuvent proposer les moyens d'abus contre son mariage infecté de vices absolus, quand même, pendant sa vie, ils auroient paru donner quelques marques d'approbation à son mariage (114),

---

cassé, comme présumé taché du vice de séduction, par le défaut de consentement de son tuteur & autres parents, sur la requisition de ce tuteur, par Arrêt du 12 Avril 1704, rapporté au Journal des Audiences, *tom. 5, liv. 4, chap. 7.*

(113) Le défaut du propre Curé qui est un moyen d'abus absolu fut jugé proposable, par les parties contractantes mêmes, sur les conclusions de M. *Joli de Fleuri*, Avocat Général, par Arrêt du 27 Juin 1713, rapporté au Journal des Audiences, *tom. 7, liv. 4, chap. 123.* Cependant le succès de ces moyens dépend des circonstances, & ils ne sont pas toujours admis; comme nous le voyons par l'Arrêt du premier Mars 1691, rapporté au Journal des Audiences, *tom. 4, liv. 6, chap. 13*; qui jugea valable, le mariage d'un mineur de 20 ans avec une fille de 40 ans, quoiqu'il eût été fait sans le consentement des pere & mere de ce mineur, sans publication de bans, & hors la présence du propre Curé, parce que celui qui l'avoit contracté, étant mineur, ne l'attaquoit que douze ou quinze ans après l'avoir contracté, & qu'il ne faisoit agir ses pere & mere, qui, depuis long-temps l'avoient abandonné à sa propre conduite, que, parce qu'il avoit gagné beaucoup de bien. Nous voyons encore que, par Arrêt du 6 Mars 1703, rapporté par *Augeard, tom. 2, pag. 389 & suiv.* un mineur qui avoit contracté mariage, sans bannies & hors la présence du propre Curé, fut déclaré, treize ans après, non recevable à interjetter appel comme d'abus de sa célébration.

(114) C'est ce qu'on peut voir dans le Plaidoyer de M. l'Avocat Général *le Nain*, lors de l'Arrêt du premier Août 1707, qui n'eut aucun égard à l'exception, fondée sur l'approbation & la reconnoissance du mariage, pendant la vie d'une des parties contractantes. Journal des Audiences, *tome 5, liv. 7, chap. 36.*

La Jurisprudence des Arrêts autorise les Collatéraux à proposer les moyens d'abus absolus, après la mort de leur parent parce que l'approbation donnée à un acte, ne rend non recevable à l'attaquer, que lorsqu'elle a été donnée dans le temps où le droit de l'attaquer étoit ouvert : car, en pareilles circonstances, on est présumé, par le silence, renoncer à son droit, ce qui ne peut avoir lieu pendant la vie de la Partie contractante, où l'intérêt qu'on auroit à attaquer n'est pas encore ouvert & actuel.

Il pourroit, cependant, se trouver des circonstances assez fortes pour faire admettre les collatéraux à proposer, pendant la vie même des peres & meres, le moyen d'abus relatif, fondé sur le défaut du consentement de ces peres & meres, quoiqu'en général ils ne soient pas admis à proposer ce moyen d'abus (115), &

---

qui a contracté le mariage. Arrêt du 22 Février 1717, rapporté au Journal des Audiences, *tom. 6*, *liv. 7*, *chap. 18*, rendu sur les conclusions de M. *de Lamoignon de Blanc Mesnil*, Avocat Général, qui cita deux autres Arrêts, l'un de 1696, & l'autre de 1713. Cependant, à moins que ces moyens, quoique absolus, ne soient de conséquence, les Collatéraux ne sont reçus que difficilement à les proposer, comme l'observa M. l'Avocat Général *d'Aguesseau*, lors de l'Arrêt du 27 Avril 1738, rapporté par *Bardet*, qui n'admit pas le moyen d'abus des Collatéraux, fondé sur l'alliance de compérage.

(115) Par Arrêt du 17 Janvier 1692, rapporté au Journal des Audiences, *tom. 4*, *liv. 7*, *Chap. 11*, un Collatéral, qui vouloit faire valoir le moyen d'abus relatif fondé sur le défaut de consentement des pere & mere qui ne l'avoient pas fait valoir eux-mêmes, fut débouté, sur les conclusions de M. l'Avocat Général *d'Aguesseau*; mais il laissa entrevoir, que, quand il s'agit d'une alliance indigne, & d'un mariage déshonorant pour une famille, les Collatéraux peuvent, avec succès, faire valoir ce moyen d'abus, quoique relatif.

que ce droit compete ſeulement aux peres & meres (116).

Le propre Curé ne peut attaquer le mariage de ſes Paroiſſiens, célébré par un autre que lui, ſans ſa permiſſion (117).

Le Promoteur eſt auſſi incompétent que le Curé, à pourſuivre la nullité d'un mariage, fait hors la préſence du propre Curé, ſans ſa permiſſion, & qui eſt ſcandaleux (118), à moins

(116) Si les peres & meres ne ſe plaignent point, en Juſtice, du mariage que leurs enfants ont contracté ſans leur conſentement, ces enfants mineurs ne peuvent agir eux-mêmes, & n'ont aucun moyen pour donner atteinte à leur mariage; la raiſon eſt que ce moyen n'eſt relatif qu'aux peres & meres; ainſi, c'eſt uniquement aux perſonnes qui ont reçu l'offenſe à s'en plaindre, d'ailleurs, on n'admet perſonne à alléguer ſa propre turpitude, pour revenir contre ſon propre fait. Ainſi, on n'eſt pas recevable à demander la nullité d'un mariage, qu'on ne fonde que ſur un crime dont on a été ſoi-même l'auteur. *Ferriere, Diction. de Droit*, verbo, *Mariage contracté par des mineurs.*

(117) Arrêt du 29 Décembre 1693, rapporté au cinquieme tome des Mémoires du Clergé. La raiſon eſt, dit Me. *Pottier*, dans ſon traité du contrat de mariage, *nom. 450*, que les Curés n'ont de Juriſdiction que dans le for pénitentiel : ils n'ont aucune Juriſdiction extérieure; en mariant leurs Paroiſſiens, ils n'exercent aucune Juriſdiction ſur eux; ils ne peuvent donc pas prétendre qu'ils ont donné atteinte à leurs droits, en ſe mariant ailleurs; c'eſt au miniſtere Public à ſe plaindre de cette infraction à la loi; par la même raiſon un Curé n'eſt pas recevable à s'oppoſer au mariage que ſes Paroiſſiens ſe propoſent de contracter dans une autre Paroiſſe.

(118) Arrêt du 16 Février 1673, rendu ſur les concluſions de M. *Talon*, Avocat Général. Ce n'eſt que lorſque le Procureur du Roi, ou Fiſcal, n'agit pas, que les Promoteurs peuvent agir dans la premiere année de la célébration du mariage; ou il y a abus dans leurs pourſuites; parce que, comme le remarque judicieuſement Me. *Pottier*, dans ſon Traité du contrat de mariage, *nom. 451.* » Le maintien du bon ordre étant confié à la puiſ» ſance ſéculiere; c'eſt dans les Tribunaux ſéculiers que ceux

que

que le Procureur du Roi n'agisse pas, ou les Parties intéressées (119).

Ce n'est ni la Partie majeure & séductrice, ni ses parents, qui peuvent se servir de la présomption de rapt, pour faire casser le mariage qu'elle a contracté avec la personne mineure & séduite. Ce sont les parents de cette derniere seulement, qui en ont le droit (120).

Mais les parents de la personne mineure & séduite, ou ravie par violence, sont-ils recevables à poursuivre la cassation de son mariage, après l'avoir souffert vivre dans le libertinage avec son ravisseur? La décision de cette question dépend de la facilité ou de la difficulté qu'il y avoit à faire cesser le libertinage. Au premier cas, les parents paroissent inexcusables & devoir être déboutés. Au second, ils paroissent devoir être écoutés & leurs moyens admis, s'ils ont

---

» qui ont contracté un mariage nul & scandaleux, doivent être » poursuivis, à la requête des Procureurs du Roi, ou Fiscaux, » pour être contraints à se séparer.

(119) Déclaration du Roi du 15 Juin 1697.

(120) C'est ce que M. l'Avocat Général *Portail* établit lors de l'Arrêt du 18 Août 1707, rapporté au Journal des Audiences *tom.* 5, *liv.* 7, *chap.* 16. Les parents de la personne mineure, ont aussi seuls le droit de faire valoir le défaut de bans, & de témoins, parce que ces formalités n'étant établies que pour empêcher, dans ce cas, les mineurs de se marier sans le consentement de ceux au pouvoir desquels ils sont, les majeurs n'ont pas, pour eux, la même raison.

fait d'ailleurs ce qu'ils pouvoient (121), pour arrêter le désordre.

Par le principe *quod Deus conjunxit, homo non separet*, les Parties ne peuvent rompre le lien sacré du mariage, par un consentement mutuel. L'acquiescement que l'une d'elles donneroit à la demande, ne dispense pas le Juge d'examiner scrupuleusement les preuves de l'empêchement dirimant, & ce n'est que sur des preuves bien sûres qu'il peut casser le mariage.

L'Official, en déclarant nul le mariage, ne peut, sans commettre abus (122), en ordonner la réhabilitation. Le Parlement seul a le droit d'ordonner aux Parties de se pourvoir devant l'Evêque, pour le réhabiliter (123).

Après avoir parlé de la cassation, il nous reste à parler d'un autre genre de peine, qui est l'exhérédation; peine qui, quelque rigoureuse qu'elle soit, me le paroît moins encore que la cassation. Ce qui m'a fait dire que la cassation est la peine la plus sévere que les loix prononcent

---

(121) C'est probablement en pareilles circonstances, que le Parlement de Grenoble jugea les parents inadmissibles, par Arrêt du 4 Juillet 1635; à la différence du Parlement de Paris, qui les jugea admissibles, par Arrêt du 30 Décembre 1635. Ces deux Arrêts sont au mot *Rapt* du Dictionaire des Arrêts.

(122) Arrêt du 11 Mars 1710, rapporté par *Gohard*, Traité des Bénéfices, *tom.* 7, *page* 265, *Edition de* 1765.

(123) Déclaration du Roi du 15 Juin 1697.

contre les mariages, par la raiſon que la diſſolution d'un lien bien aſſorti doit être beaucoup plus pénible à deux cœurs délicats, que la privation d'une fortune, qui n'eſt rien ſans l'objet aimé.

# CHAPITRE IX.

## *De l'Exhérédation.*

L'EXHÉRÉDATION eſt la privation, pour les enfants, des ſucceſſions de leurs peres & meres.

C'eſt un des plus puiſſants moyens qu'aient établi les loix de la ſociété, pour maintenir l'autorité des peres ſur leurs enfants (124): auſſi preſque toutes les nations policées l'ont adopté (125).

L'étendue du droit d'exhérédation devoit diminuer en proportion de celle de l'autorité paternelle, qui, elle-même, devoit diminuer en proportion de la multiplication des loix ſupplétives. Auſſi voyons-nous qu'à Rome, les cauſes

(124) » Les biens du pere, dont il eſt véritablement le maître, » ſont les liens qui retiennent ſes enfants dans ſa dépendance; » & il peut ne leur donner part à ſa ſucceſſion, qu'à propor» tion qu'ils auront bien mérité de lui, par une continuelle défé» rence à ſes volontés. » *Diſcours de J. J. Rouſſeau, ſur l'origine & les fondements de l'inégalité parmi les hommes, 2e. partie.*

(125) A l'exemple de Rome, l'Eſpagne, le Portugal & la France, ont adopté l'exhérédation. On voit, par *le paragraphe 5, du tit. 12, de la Loi des Bourguignons*, que j'ai cité à la *note 22*, que l'uſage en eſt très-ancien parmi nous, pour les mariages faits par les enfants, à l'inſçu de leurs parents.

d'exhérédation furent d'abord indéfinies ; qu'ensuite la puissance patérnelle ayant été restreinte par les loix, l'Empereur Justinien restreignit aussi les causes d'exhérédation, & les réduisit à quatorze (126) : mais le Droit Français y a joint une quinzieme cause, qui est le mariage des enfants de famille, à l'insçu de leurs peres & meres, & lorsqu'il y a rapt (127).

C'est de cette quinzieme cause seule, qu'il est ici question. Lorsque l'exhérédation est pour un mariage, fait, par un enfant, sans le consentement de ses peres & meres, elle peut s'étendre non seulement sur cet enfant, mais encore sur les petits enfants (128) : non seulement sur

---

(126) *Novel.* 115. *cap.* 3.

(127) On ne voit pas de loi dans le Droit Romain, qui prononce l'exhérédation contre les enfants qui se marient sans le consentement de leurs parents ; le Droit Français paroît l'avoir ajoutée. C'est ce qu'observa M. *de Lamoignon*, Avocat général, lors de l'Arrêt du Parlement de Paris, du 26 Février 1675, rapporté au Journal des Audiences, *tom.* 3, *liv.* 2, *chap.* 2. Cependant, il faut convenir qu'on en voit des traces dans le Droit Romain, lorsque le mariage étoit déshonorant. C'est ce qu'on peut inférer des termes de la loi 3, §. 5, *de Bon. possess. contra tabul.* du Digeste, & de la dixieme & onzieme cause, exprimées dans la *Nov.* 115 : mais on peut dire toujours qu'aucune loi Romaine ne prononce expressément l'exhérédation, pour le mariage des enfants, fait à l'insçu de leurs parents, soit qu'il soit déshonorant, soit qu'il ne le soit pas, comme l'établit notre Droit Français.

(128) Ce qui a lieu, dans le cas même où les petits enfants survivent à leur pere déshérité & voient ouvrir la succession de leur aïeul, comme le remarqua M. l'Avocat Général, qui porta la parole, dans la cause de François Maniere, rapportée au Journal des Audiences, *tom.* 5, *liv.* 1, *chap.* 31, & lors de l'Arrêt

les biens des peres & meres ; mais encore les Ordonnances les privent de toutes successions directes ou collatérales, & généralement de tous les avantages que les conventions ou la loi pouvoient leur assurer, comme on l'a vu ci-devant (129).

De toutes les causes d'exhérédation, celle-ci est sans contredit la plus étendue & la plus rigoureuse, puisqu'elle étend ses effets, non seulement au cas qu'un mineur de vingt-cinq ans

du 17 Mars 1716, *tom. 6*, *liv. 6*, *chap. 17*, du même Journal, parce que, à la différence des autres causes d'exhérédation, on présume que dans celle-ci, le pere ayant eu pour motif de retrancher de sa famille un fils qui, par sa désobéissance, vouloit lui donner des petits-fils malgré lui, ceux-ci devoient être compris dans l'exhérédation, suivant la rigueur des Ordonnances qui portent expressément *eux & leurs hoirs*. Ce sentiment, qui est le plus suivi, parce qu'il est plus conforme aux principes de l'exhérédation, pour cause de mariage à l'insçu & contre le gré des parents, est contraire à celui de *Fevret*, dans son Traité de l'abus, *liv. 5*, *chap. 2*, *nom. 14*, & des autres qui y sont cités, dont la raison fondée sur ce que les petits-fils n'ont pas contribué au délit du pere, pourroit être de mise pour toutes les autres causes d'exhérédation, & ne l'est pas pour celle qui a pour motif de n'avoir pas des héritiers contre son gré : motif qui subsiste, soit que l'exhérédé décede avant son pere, soit qu'il lui survive, puisque les petits-fils qui survivent à leurs aïeux, sont ceux qui seroient héritiers contre leur gré, » & qu'on peut, dit *Ricard*, » Traité des Donations, *3e. partie*, *chap. 8*, *sect. 4*, *nom. 958*, » dire que l'aïeul a bien plutôt condamné le sujet qui lui a donné » lieu de passer jusqu'à cette exhérédation & le fruit qui en est » venu, que son fils même.

(129) Il y a même un Arrêt du 16 Juin 1655, rendu sur les conclusions de M. l'Avocat Général *Bignon*, rapporté par *Soëfve*, *tom. 1*, *cent. 1*, *chap. 93*, qui jugea qu'en la Coutume de Bretagne, l'enfant qui s'est marié sans le consentement de ses pere & mere, ne peut poursuivre leur interdiction pour cause de prodigalité, & effectivement, il vaut autant qu'il soit dépouillé de leur succession par la prodigalité, que par l'exhérédation.

contracteroit mariage, sans le consentement de ses pere & mere, & au cas où un garçon, majeur de vingt-cinq ans, qui n'auroit pas encore trente ans, se marieroit sans ce consentement, quoiqu'il l'eût requis par écrit : mais encore, au cas où des filles, au-delà de vingt-cinq ans, & des garçons, au-delà de trente ans, se marieroient sans l'avoir requis par écrit, quoique le mariage fût d'ailleurs sortable (130), & même autorisé par le Magistrat (131).

---

(130) C'est ce qui a été jugé pour le fils, majeur de vingt-cinq ans, & au-dessous de trente ans, par les Arrêts des 21 Juillet 1702, 3 Mai 1703, & 12 Mai 1712, rapportés au Journal des Audiences. Il y a le même motif pour y assujettir le fils au-delà de trente ans, quand même le mariage seroit sortable, lorsqu'il manque de requérir le consentement par écrit, puisque la violation du respect dû aux peres & meres se trouve dans l'un & l'autre cas, & qu'elle est le principe d'une Jurisprudence aussi sévere : mais il faut, néanmoins, remarquer avec M^e. *Pottier*, dans son Traité du contrat de mariage, *tom. 1, nom. 341*, que, quoique l'exhérédation ait lieu, même pour un mariage sortable, on la tempere, en adjugeant sur les biens du défunt une somme en usufruit à l'exhérédé, & la propriété de cette somme aux enfants nés & à naître de ce mariage.

Le pere même peut, en déshéritant son fils, lui laisser des aliments, sans blesser l'exhérédation, quoique le fils déshérité ne soit pas recevable à les demander. Il y en a plusieurs Arrêts, rapportés par *Ricard*, Traité des Donations, *part. 3, chap. 8, sect. 4, nom. 951*, & par *Bretonnier*, sur Henrys, *tom. 2, liv. 5, quest. 35*.

(131) Arrêt de la Cour du 12 Mai 1710, rapporté au Journal des Audiences, qui jugea que, quand même le fils auroit eu permission de se marier, par Arrêt de la Cour, cela n'ôte pas au pere le droit de le déshériter. Disposition bien rigoureuse & qu'il seroit juste d'abolir, puisque le mariage est jugé raisonnable par ceux qui ont droit d'interpréter la loi. Aussi ne regarde-t-on pas cela comme une regle invariable dans des circonstances favorables.

On porte même la rigueur, jusqu'à rendre insuffisante, pour empêcher l'exhérédation, la sommation respectueuse, après trente ans, lorsque le pere, avant les trente ans, a manifesté, soit expressément, soit par quelque acte équivalent, qu'il ne vouloit pas consentir au mariage (132).

La rigueur de ces loix est fondée sur le respect que doivent aux auteurs de leurs jours, les enfants, quelque âgés qu'ils soient, & ce respect étant présumé essentiellement blessé, par l'omission de requisition de leur consentement, dans une affaire aussi importante pour eux, que le mariage de leurs enfants, on leur a permis, pour venger leur autorité méprisée, de rejetter de leur sein, des enfants qui disposoient d'eux-mêmes sans leur avis, & de ne pas recevoir malgré eux des héritiers (133), dans leur propriété civile, tandis qu'ils violoient les droits les plus sacrés de la propriété naturelle que leur conserve le pacte social (134), sur l'amour & le respect de ces enfants.

---

(132) C'est ce qui fut jugé par l'Arrêt du 27 Avril 1760, rapporté au Journal des Audiences, parce que le pere, avant les trente ans de son fils, avoit obtenu un Arrêt qui lui défendoit & à son épouse de se fréquenter, en conséquence du premier mariage, &, en cas de récidive, permettoit d'exhéréder. La même regle a lieu, lorsqu'on prouve que la séduction a commencé en minorité.

(133) *Ne, invito patri, hæres adnascatur.*

(134) C'est pourquoi le droit qu'ont les peres & meres de

Plus une loi eſt rigoureuſe, plus on doit être circonſpect ſur l'obſervation des conditions limitatives de cette rigueur. Auſſi l'exhérédation ne reçoit aucune faveur, à moins qu'elle ne ſoit accompagnée de quatre circonſtances eſſentielles.

La premiere eſt, qu'il faut que les peres & meres qui font l'exhérédation, la faſſent formellement & préciſément par un acte authentique (135).

La ſeconde, que la cauſe d'exhérédation ſoit clairement exprimée dans l'acte (136).

---

déshériter leurs enfants qui ſe marient contre leur gré, eſt porté ſi loin, qu'ils peuvent le faire d'avance, & en cas qu'un de leurs enfants épouſe une perſonne déſignée, comme il fut jugé par Arrêt du 13 Février 1674, rapporté par *Soëfve*, *tom.* 2, *cent.* 4, *chap.* 85. Cependant ce point de Juriſprudence n'eſt pas trop certain : car le contraire avoit été jugé par Arrêt du 4 Mai 1668, rapporté par *Soëfve*, *tom.* 2, *cent* 4, *chap.* 14 : mais je penſe que ces deux Arrêts peuvent ſe concilier en prenant pour principe, que, pour que ces exhérédations prématurées ſubſiſtent, il faut que le mariage ſe faſſe pendant la vie des exhérédants : car ce fut la circonſtance qui fit juger contre l'exhérédation, par l'Arrêt de 1668.

(135) L'Ordonnance de 1639, porte que la peine demeurera encourue de plein droit *ipſo facto* : mais, comme le remarque *d'Hericourt*, Loix Eccléſiaſtiq. *part.* 3, *chap.* 5, *art.* 2, *nom.* 74, on prétend communément que l'exhérédation n'a lieu que quand les peres & meres ont déshérité leurs enfants, par un acte exprès, & cela, par la fiction favorable qu'on ne peut préſumer un ſi rigoureux châtiment, ſans un acte qui le faſſe connoître.

(136) *Non licet parenti aliquem ex liberis exhæredare vel præterire, niſi is probetur ingratus & ingratitudinis cauſas nominatim inferat teſtamento. Auct. ex Novel.* 115, *cap.* 3, *Cod. de lib. præterit. vel exhæredat.* C'eſt auſſi l'opinion de *Ricard*, Traité des Donat. *part.* 3, *chap.* 8, *ſect.* 4, *nom.* 942 ; de *Coquille*, ſur la Coutume de Nivernois, *chap.* 34, *art.* 1. & d'*Auroux*, ſur la Coutume de Bourbonnais, *art.* 312.

La troisieme, que cette cause soit juste & légitime, suivant le Jurisconsulte *Paul* (137).

La quatrieme, que cette cause soit clairement prouvée (138).

Sans le concours de toutes ces circonstances, l'exhérédation n'est pas valide.

L'exhérédation est appellée par *Quintilien*, le foudre paternel, *fulmen paternum*. Il n'appartient qu'à ceux qui nous ont donné la vie de lancer ce foudre allumé par la colere. Tous les autres parents n'ont pas ce droit. Il est privativement *fulmen paternum*.

Toute exhérédation est odieuse (139) ; c'est un principe établi par tous les bons Auteurs, tels que *Le Brun* & *Ricard*, parce qu'elle dissout les liens de la nature, qu'elle met le fils dans la classe d'un étranger de la famille, & qu'elle le réduit à un état de mort civile (140). C'est pourquoi la loi saisit avec empressement tous

---

(137) *Ne judicio quidem parentis, nisi meritis de causis, submoveri ab eâ successione possunt. l. 7, ff. de bon. damnat. in princip.* En effet, comme la nature & les loix qui appellent les enfants à la succession de leurs parents, regardent les biens des parents comme déjà propres aux enfants, ils ne peuvent en être privés, s'ils n'ont mérité peine qui leur ôte ces biens, flétrit leur honneur, & les met dans le cas de tomber encore dans de plus grands maux. *Auroux*, sur la Coutume de Bourbonnais, *art.* 312.

(138) *Nisi is probetur ingratus*, dit l'authentique, *non licet.*

(139) Exhæredationes non sunt adjuvandæ. *l. 19, in fin. ff. de liber. & post. hæred. instit. vel exhæred.*

(140) Exhæredatus pro mortuo habetur, *dit la Loi.*

les moyens d'interpréter les exhérédations, & de faire revivre tous les droits de la nature dans le cœur paternel, plus porté à la douceur qu'à la cruauté (141).

On ne peut, en effet, douter qu'un acte aussi rigoureux suppose que le cœur du pere qui l'exerce, n'est pas dans son état naturel, & qu'il est, au contraire, dans l'état le plus violent. Priver ceux qui sont formés de notre propre sang & qui sont, plus naturellement que tous autres, appellés à succéder à nos biens, aussi bien qu'ils succédent par propagation à notre être; les priver de notre succession, de ce qui leur est nécessaire pour soutenir cette vie que nous leur avons donnée, c'est vouloir en détruire le principe & leur donner indirectement la mort, ce ne peut donc être conséquemment qu'un acte extrêmement répugnant à la tendresse paternelle (142).

On ne peut donc pas supposer, comme le prétendent quelques Jurisconsultes, que l'exhérédation puisse être l'acte d'un sang-froid parri-

(141) Patria potestas in pietate debet, non in atrocitate consistere *l. div.* Adrian, *ff. ad legem pomponiam.*

(142) Non, nisi invitus, accedit ad decretorium illum stylum. *Senec. cap. 14, de clementiâ.* Cet acte cruel répugne d'autant plus, qu'il déconcerte tous les projets dont s'enivroit, avec complaisance, l'amour-propre du pere, auquel il est si doux de se voir représenter par ses enfants aussi bien dans sa fortune, qu'il ne chérit que pour eux, que dans sa personne.

cide, qui, selon eux, n'est pas inconciliable avec l'affection & la bonté paternelle. Ce seroit dire que le feu peut exister sans chaleur. On doit prendre plutôt pour constant, que l'exhérédation est l'effet de la juste colere d'un pere (143) qui venge son autorité méprisée.

Ce principe posé, il faut en établir un autre. L'état violent où le cœur paternel est réduit, par le cruel sacrifice qu'il fait, ne doit pas être naturellement durable. Tout doit tendre à faire cesser cette situation gênante, & le retour à son état naturel en est la fin. Ce retour ne peut s'opérer que par le rétablissement des choses en entier, de l'affection du pere envers le fils, & de l'habileté du fils à succéder au pere (144).

La réconciliation du pere avec le fils est donc l'eau salutaire qui éteint les feux de ce foudre que la colere a formé, comme le dit le sçavant *Le Brun*, & qui, comme dit *Ricard*, ne se conserve qu'avec l'éclat de la colere. Une bonne réconciliation suffit, pour dissiper ce foudre : mais la difficulté, comme le remarque ju-

---

(143) *Pater habuit justas causas irascendi tibi*, portoit la formule des jugements d'exhérédation. *Plin. lib. 5, epist. 1.*

(144) Si la colere & l'envie de venger son autorité méprisée, sont les motifs qui déterminent un pere à punir l'ingratitude de son fils, comme c'est un principe certain, il faut conclure, pour raisonner conséquemment, que quand la colere & l'envie de se venger cessent, les effets doivent également cesser, suivant la maxime, *cessante causâ, cessat effectus.*

dicieusement le même *Le Brun*, est de sçavoir ce qui se peut appeller en cette matiere une bonne réconciliation (145). A quelles marques doit-on reconnoître la vraie réconciliation, la réconciliation suffisante pour opérer la révocation de l'exhérédation ?

On distingue deux especes de réconciliation ; la tacite, qui s'induit des marques d'affection que donne le pere à son fils ; l'expresse, qui est une déclaration authentique & consignée dans un acte, de revoquer l'exhérédation.

Les Auteurs ont des sentiments différents sur cette matiere.

Les uns (146) soutiennent que l'exhérédation étant faite par acte, ne peut se révoquer que par un acte (147).

Les autres (148), & c'est le plus grand nom-

---

(145) Traité des successions, *liv. 3, chap. 10, sect. 4*, où le même *Le Brun* dit encore, qu'au fonds il n'y a pas grand inconvénient qu'un testament, que la colere du pere a formé, soit rompu par la réconciliation du pere & du fils.... & que l'on juge, dans les Provinces, même de droit écrit, qu'une bonne réconciliation suffit pour la révocation de l'exhérédation.

(146) De ce nombre sont *Despeisses*, *Chopin*, *Automne*, *Menochius*, *Furgole*, *Ferriere* & *Fevret*.

(147) Par une application trop rigoureuse de la maxime *eodem modo dirimitur contractus quo colligatur*.

(148) *Jason*, sur la loi *filio quem pater*, *ff. de lib* & posth. *Balde*, en son conseil 112. *Barthole*, sur la loi *si quis ita*. §. *non solum*, *ff. de adim vel transfer. legat.* dit *postquam facta est pax, non potest opponi exceptio illius inimicitiæ, & intelligo hic pacem esse factam tacitè vel expressè. Mornac* n'exige pas même des conditions fort rigoureuses, pour que la réconciliation soit suffisante pour opérer la révocation de l'exhérédation, *omnis recon-*

bre, soutiennent que quoique l'exhérédation soit expresse, une réconciliation tacite du pere avec le fils suffit, pourvu qu'elle ne soit pas équivoque, pour opérer la révocation de l'exhérédation (149).

Parmi les Auteurs qui soutiennent que la réconciliation tacite suffit pour la révocation de l'exhérédation, *Le Brun*, d'après ceux ci-devant cités, dit » qu'il n'y a pas lieu de douter qu'un » pere qui a déclaré par son testament, qu'il » pardonne à son fils, ne soit reputé lui avoir » remis son exhérédation, pourvu que le par- » don soit sans réserve. Il ajoute plus loin, que » le *pardon* accordé par le pere, à l'occasion » d'une entrevue, semble d'un grand poids; » pour faire présumer qu'il a voulu révoquer » l'exhérédation, que ce terme dit beaucoup » en la bouche d'un pere dont les affections » sont sinceres, & que, quand on voit que la na- » ture s'explique par cet organe & fait proférer » à un pere un terme aussi favorable & aussi » général que celui-là, personne n'a le droit

*ciliatio*, dit-il, *inter patrem & filium quantulàcunque illa sit*, *stylum omnem decretorium delineat.*

(149) Cela est conforme aux principes de modération renfermés dans les maximes, *exhæredationes non sunt adjuvandæ, odia sunt restringenda & favores ampliandi*, *injuriarum actio ex bono & æquo est*, *& dissimulatione aboletur.*

» de donner à ce mot quelque sinistre interpré» tation (150).

D'autres disent, que, si le pere regarde une fois son fils, d'un visage serain (151), s'il l'a retenu, dans sa maison, à boire & manger familierement à sa table (152), s'il lui a fait des libéralités, ou autrement pardonné l'injure, quoiqu'il n'en paroisse pas d'acte par écrit, l'exhérédation est présumée révoquée (153).

Le principe que l'exhérédation est révoquée, par la réconciliation tacite, a toujours été soutenu, par le ministere public, dans les causes d'exhérédation. M. *de la Moignon de Blanc Mesnil*, Avocat Général, dit formellement, lors d'une cause plaidée au Parlement de Paris, en 1716, dans laquelle il donnoit ses conclusions, que la moindre preuve de réconciliation du pere avec le fils suffit, pour effacer la tache de l'exhérédation. M. *Talon* & M. *d'Aguesseau* (154), ont soutenu

---

(150) Traité des successions, *liv.*, 3 *chap.* 10, *sect.* 4, *nom.* 3, & 7.

(151) *Ricard*, Traité des Donat. 3e. *part. chap.* 8. *sect.* 4. *nom.* 963.

(152) *Le Grand*, sur la Coutume de Troyes, *tit.* 5. *art.* 50. *Basnage*, sur la Coutume de Normandie, *art.* 369; *nisi*, dit Auffrerius, *commessatio illa sit in convivio, ubi honestè dissimulandum.*

(153) *Boucheul*, sur la Coutume de Poitou, *art.* 260, *nom.* 29.

(154) Le premier, lors d'un Arrêt du 30 Juin 1656, & d'un autre du 27 Avril 1660, le second, lors d'une cause jugée en 1695.

le même principe. C'eſt auſſi la Juriſprudence conſtante des Arrêts (155).

Mais tous les Auteurs ſe réuniſſent à penſer, qu'il faut que la révocation ſoit certaine & ſans équivoque, quoique tacite.

On n'admet pas, pour une marque non équivoque, le commerce particulier & ſecret du pere avec le fils (156), ni le baiſer qu'un pere ſeroit obligé de donner à ſon fils, dans les réconciliations publiques (157), qui ſe font pour l'édification du prochain, ou dans les civilités de bienſéance, ni même le pardon qu'il lui accorderoit en mourant, en lui donnant ſa bénédiction (158). La préſomption de ſuggeſtion &

(155) *Montholon* rapporte un Arrêt de 1584, qui rejetta une exhérédation, par le principe que *filius redierat in gratiam*; *Mornac*, un autre de 1617, qui la rejetta auſſi, par la préſomption du pardon, ſans réſerve, exprimé par ces mots réitérés, *oui, oui*, que répéta la mere à laquelle on demandoit ſi elle pardonnoit à ſa fille. *Ricard*, dans ſon Traité des Donations, *part. 3. chap. 8. ſect. 4. nom 964*, en cite un autre du 3 Avril 1653, rendu ſur le même principe de réconciliation. Celui du 27 Avril 1660, ſi connu ſous le nom d'*Arrêt de Riolan*, en jugeant la réconciliation du pere inſuffiſante, parce qu'elle avoit été faite d'une maniere équivoque, *in articulo mortis*, jugea celle faite avec ſa mere, ſuffiſante pour la révocation de l'exhérédation, parce qu'elle étoit ſans équivoque, par des aſſiduités & des ſervices rendus pendant trois ſemaines de maladie. Il y a encore pluſieurs autres Arrêts.

(156) *Baſnage*, ſur la Coutume de Normandie, *art. 369*.

(157) *Quia*, dit *Faber*; ad §. fin. de injuriis tit. 4. lib. 4. inſtit. *Ex quadam honeſtatis neceſſitate debuit hoc facere, & non potuit ſalvâ honeſtate refutare.*

(158) *Le Brun*, Traité des Succeſſions, *liv. 3, chap. 10, ſect. 4, nom. 5 & 6*. Boucheul, ſur la Coutume de Poitou, *art. 260, nom. 30*. C'eſt auſſi ce qu'établit M. *d'Agueſſeau*, dont

de

de ſurpriſe, dans le moment le plus critique pour la foibleſſe humaine, écarte toute idée de réconciliation volontaire.

Quoique, pour les injures ordinaires, la diſſimulation ſuffiſe, pour en faire préſumer l'abolition (159), & que l'abolition ſe préſume encore, à plus forte raiſon, quand l'injurié ſalue & embraſſe amicalement l'injuriant, ou qu'il boit, mange & rit (160), ou converſe, ſimplement, d'un air de familiarité avec lui (161), il n'en eſt pas de même de l'injure qui a donné lieu à l'exhérédation, qu'on regarde comme très-grave, reſpectivement à la perſonne offenſée & à celle qui a commis l'offenſe.

Il faut que le pere ait ou pardonné, expreſſément, dans un temps où l'on ne puiſſe penſer que ſa raiſon eſt affoiblie par la maladie, ou qu'il ſoit préſumé avoir pardonné, ſoit par avoir reçu de ſon fils quelques ſervices aſſez importants pour faire attendre de ſa part la plus vive

---

les concluſions furent ſuivies, lors de l'Arrêt de 1695, &, comme nous l'avons vu, l'Arrêt de *Riol n*, du 27 Avril 1660, le jugea ainſi pour le pere, parce que, par cette bénédiction; *cenſetur remiſiſſe odium & non ſatisfactionem injuriæ*; comme l'obſerva M. *Talon*, lors de cet Arrêt

(159) *Hæc actio diſſimulatione aboletur*, inſtit. lib. 4, tit. 4, §. ultim.

(160) *Balde*, *Aufrerius*, *Borcholten*, ſur les inſtit. §. *fin.* des injures, & pluſieurs autres Juriſconſultes, ſont de cette opinion.

(161) *Si quis cum eo, à quo injuriâ affectus eſt, familiariter poſteà fuerit converſatus.* Vinnius, ad §. ultim. de injuriis.

reconnoiſſance, ſoit en lui rendant le cours & l'effet de ſes affections, en le logeant chez lui, en recevant, tous les jours, avec complaiſance, les reſpects & les aſſiduités de ſon fils, enfin, en lui accordant des marques d'amitié, ſuffiſantes pour faire préſumer l'intention, quoiqu'inexprimée, du pardon, parce que, à tant de témoignages d'une bonté perſévérante, on penſe qu'il auroit révoqué l'exhérédation expreſſément, ſi le temps le lui eût permis (162), & que la clémence avoit fléchi ſon courroux (163) : mais, pour que cette préſomption ait lieu, de même qu'il faut que le pere perſévere dans les témoignages de ſon affection, de même auſſi faut-il que le fils perſévere dans les témoignages de ſon repentir & de ſa ſoumiſſion : car, s'il a offenſé, derechef, ſon pere, l'exhérédation peut revivre, parce que, dans ces circonſtances, l'exhérédation n'eſt pas préſumée révoquée (164).

Mais, hors ce cas, l'exhérédation une fois ré-

(162) *Le Brun* eſt de ce ſentiment, dans ſon Traité des Succeſſions, *liv. 3, chap. 10, ſect. 4, nom. 5.*

(163) Offenſam clementia flexit, quod, licet ſcripturâ non probetur, aliis tamen rationibus doceri nihil impedit, præſertim, cum poſteriora eorum talia merita deprehenduntur ut ira potuerit mitigari. *L. 5. C. famil. erciſcund.*

(164) Arrêt du 29 Janvier 1615, rapporté par M. *le Bret*, liv. 1. decif. 1. *Ce qui ne ſera pas*, dit *le Brun*, liv. 3. Chap. 10. ſect. 4. nom. 8, *une nouvelle exhérédation : car elle devroit être faite expreſſément ; mais cela ſera préſumer que le pere connoiſſant l'inconſtance de ſon fils, ne ſe ſera pas relâché ſi aiſément, de l'exhérédation qu'il avoit prononcée contre lui.*

voquée, par la réconciliation expresse ou tacite, on ne peut plus la faire revivre pour la même faute (165), parce que la Loi ne permet pas que les actes postérieurs non plus que les actes antérieurs à la réconciliation, puissent en anéantir l'existence, ni que les peres prennent des précautions contre leur retour au droit naturel, en cas que leur cœur soit disposé à donner des marques d'une bonne réconciliation.

Quoiqu'il soit de principe que l'exhérédation n'admet aucune condition (166), cependant, suivant *Le Brun* (167), » le rappel que fait le » pere de son fils exhérédé à sa succession, peut » être limité & conditionel, parce que, dit cet » Auteur, il y rappelle celui qui en seroit ex- » clus par son exhérédation, laquelle étant sup- » posée juste & bien méritée, il faut que le fils, » qui ne pourroit pas se plaindre de l'exhéréda- » tion, se soumette aux conditions du rappel, » & en ce cas, le pere n'est pas réputé gréver sa

---

(165) *Posteà ex pœnitentiâ remissam injuriam non poterit recolere.* Instit. lib. 4, tit. 4, §. ult. de injuriis. *Item nota*, dit *Barthole*, sup. L. 3. part. 2. ff. tit. 4. lib. 34. *Quod si pater exhæredavit filium, ex justâ causâ, si post reconciliavit se cum eo, illa ex hoc videntur adempta.* C'est aussi ce qu'établirent MM. *Bignon* & *d'Aguesseau*, Avocats Généraux; le premier lors de l'Arrêt du 3 Avril 1653, le second; lors de l'Arrêt de 1695, & leurs conclusions furent suivies.

(166) Purè autem filium exhæredari, Julianus putat; quâ sententiâ utimur; *L 3. §. 1. ff. de lib. & posth. hæred. inst. vel exhæredand.*

(167) Traité des successions, *liv. 3, chap. 10, sect. 4, nom. 12.*

» légitime, puiſqu'il n'en eſt point dû au fils » qui a été juſtement déshérité...... Sur quoi, » ajoute plus loin le même Auteur, il faut ob- » ſerver que le pere qui veut conſerver ſes biens » en leur entier, à ſes petits fils, agit plus ſû- » rement, en commençant par l'exhérédation & » faiſant enſuite un rappel conditionel, comme » bon lui ſemble (168). »

En général l'exhérédation n'eſt pas compatible avec la caſſation du mariage : car, par l'effet de la caſſation, le fils ne peut donner au pere des héritiers malgré lui, & ce ſeroit être contradictoire que de punir, par deux peines incompatibles & deux jugements auſſi rigoureux, une ſeule faute (169), contre l'eſprit de la maxime

(168) Quoique dans tous les lieux le pardon & la réconciliation opérent un rappel tacite, cependant dans ceux où ce qui s'appelle proprement *rappel à ſucceſſion*, n'eſt pas en uſage, le pere peut accorder des aliments ou quelque autre libéralité, non ſeulement quand le mariage eſt ſortable, comme nous l'avons obſervé à la note 130, mais encore quand il ne l'eſt pas, ſans que cette libéralité, qui n'eſt accompagnée d'aucunes autres marques de réconciliation, puiſſe bleſſer l'exhérédation, qui, de principe certain, eſt indiviſible & ſubſiſte néanmoins en ſon entier, parce que cette libéralité n'eſt faite à l'exhérédé que comme à un étranger. V. l'Arrêt de *Riolan*, du 27 Avril 1660, *Ricard*, Traité des Donations, *3e. part. chap. 8*, *ſect. 4. nom. 971*. *Baſnage*, ſur l'art. 369 de la Coutume de Normandie, cite même un Arrêt qui jugea que l'exhérédation ne diſpenſoit pas le pere de donner des aliments à ſon fils & aux enfants de ſon mariage, *quia alimenta debentur deportato, nec tolluntur capitis diminutione*. Ce qui eſt contraire aux Arrêts rapportés par *Brodeau*, ſur Loüet, lett. A. nom 5. qui ne jugent pas les aliments d'obligation.

(169) Arrêt du 3 Mars 1637, rapporté par *Bardet*, *tom. 2*, *liv.* [illegible], *Chap. 6*, qui jugea que l'exhérédation n'eſt pas valable, ſi le mariage eſt déclaré nul.

*non bis in idem*, à moins qu'il n'y ait des circonſtances aſſez fortes, pour faire ſubſiſter l'exhérédation malgré la caſſation, par exemple, lorſque le fils continue ſon commerce avec la même femme, au mépris de l'Arrêt qui a déclaré nul le mariage (170).

Je finis ce Chapitre par le conſeil humain qu'a donné l'homme le mieux inſtruit en cette matiere (171).

» Il faut traiter les exhérédations favorable-» ment, lorſque les parents ont témoigné relâ-» cher quelque choſe de leur rigueur.

Après avoir expoſé les Loix concernant l'autorité des parents ſur les mariages des enfants de famille, il faut tâcher de découvrir quelle a été dans ces loix l'intention vraie du Légiſlateur.

---

(170) Arrêt du 16 Décembre 1638, rapporté par *Bardet*, *tom.* 2, *liv.* 7, *chap.* 45, qui confirma, en pareilles circonſtances, l'exhérédation, quoique le mariage eût été déclaré nul.

(171) M. l'Avocat Général *Bignon*, lors de l'Arrêt du 3 Avril 1653.

# CHAPITRE X.

*De l'intention du Législateur, dans les Loix faites, sur les mariages des enfants de famille.*

L'INTENTION de tout Législateur, dans la promulgation d'une Loi, doit toujours tendre au plus grand bien. Ainsi, si l'application qu'on fait de la Loi, en porte la rigueur à l'excès, c'est évidemment aller contre cette intention. La prévention où sont, en France, les parents, sur l'étendue de leur autorité, qu'ils supposent illimitée, est dans ce cas. Ce seroit un très-grand mal, si elle l'étoit effectivement. Le Législateur n'a donc pu avoir intention de leur en laisser une de ce genre.

Aussi-tôt que les inconvénients que redoutoit le Législateur, & qu'il a voulu parer, ne se rencontrent point dans la transgression qu'on fait de la Loi, dans telle circonstance donnée, il est certain que les prohibitions portées dans cette Loi, n'ont point lieu pour cette circonstance. Ainsi, nous voyons que, si, pour conserver l'autorité des parents, la Loi défend à leurs enfants de se marier contre leur gré, si, pour le bien-être des mineurs, elle rompt des liens qui leur seroient funestes, elle les laisse subsister aussi, lorſqu'elle voit que le refus des parents eût été mal fondé, & que le mariage de leurs enfants ne leur eſt pas déſavantageux.

Nous avons auſſi vu que, ſi, pour empêcher de jeunes citoyens d'être la victime d'une paſſion aveugle & aviliſſante, elle préſume rapt de ſéduction, elle n'étend pas cette fiction au cas où l'alliance ne peut qu'honorer la famille, & quand les autres avantages s'y trouvent réunis.

Nous avons encore vu que, ſi la Loi prononce peine de mort pour le rapt, elle ſouffre qu'on adouciſſe cette peine ſuivant les circonſtances, qu'on déboute même les parents de leur action pour rapt, lorſqu'ils ont voulu faire quelque violence injuſte à leurs enfants, qui les a déterminés à donner les mains à leur rapt, ou lorſqu'ils les ont ſouffert vivre dans le libertinage, avec le raviſſeur, quoiqu'ils puſſent l'empêcher. Nous avons vu, qu'elle ſouffre même qu'on n'ait aucun égard à quelques défauts de formalités, lorſque les plaintes contre un mariage ne ſont pas fondées, qu'elle ne veut pas admettre indiſtinctement tout le monde à propoſer les moyens d'abus, qu'elle les reſtreint à certaines perſonnes, à certaines circonſtances. Nous avons vu qu'en même-temps qu'elle veut punir les enfants de leur déſobéiſſance & de leur ingratitude, par l'exhérédation, elle ne permet cette punition, que jusqu'à un certain âge & lorsqu'on a omis d'employer les témoignages de respect & de soumission qu'elle indiquoit, qu'en même temps qu'elle veut qu'une volonté aussi odieuse ne soit point présumée, mais manifestée dans un acte, elle n'exige point cet acte pour le révoquer, parce que ce retour est favorable & que la nature le sollicite.

C'est ainsi que la Loi, toujours guidée par l'équité, sçait tempérer, restreindre, adoucir & modifier sa rigueur, relativement aux circonstances. A la vérité, il seroit à désirer que dans cette matiere, où l'abus est d'une si pernicieuse conséquence, le Législateur, en établissant les regles, eût marqué plus circonstanciellement les exceptions, & eût expliqué, sans équivoque, toute l'étendue de ses vues ; mais quelle législation fut jamais portée à ce point de perfection ? Ce ne seroit pas un médiocre embarras pour le Législateur, s'il lui falloit détailler toutes les exceptions dont les regles générales qu'il établit sont susceptibles. Son silence n'exclud point les interprétations de son intention. Dès qu'elles sont dirigées par ce grand principe, que *l'intention du Législateur est toujours au plus juste & au meilleur*, & dès qu'il n'y a point de prohibition expresse de l'interpréter, il a entendu, tacitement, laiſſer la liberté de faire l'application des regles qu'il a établies aux ſeuls cas qui renferment des motifs d'utilité, & non à ceux qui renferment des motifs nuiſibles, contraires à la droite raiſon, à la conſtitution de l'Etat, & à la volonté toujours favorable de la Loi (172).

Toute légiſlation doit être relative à la conſtitution de l'Etat, & c'eſt ſur cette regle fondamentale, qu'on doit méſurer parmi nous l'étendue que le Légiſlateur a pu avoir intention de donner à l'autorité des parents, ſur le mariage des enfants de famille. S'il n'avoit eu en vue que de leur en donner une ſans bornes, il n'auroit pas pris la peine d'entrer dans les détails & dans les reſtrictions. Il ſe fût borné à la diſpoſition ſolitaire qui leur eût donné un pouvoir indéfini : mais il a pris des meſures, quoiqu'inſuffiſantes, pour fixer l'arbitraire dangereux d'un pareil pouvoir, auſſi contraire à la liberté naturelle de l'homme que funeſte à la propagation de ſon eſpece, & cela devoit être ainſi, autrement cette autorité, qui doit être en proportion de celle du Gouvernement général dont elle fait partie, ſeroit plus étendue dans la Monarchie que celle du Monarque même, dont la

---

(172) *Nulla juris ratio*, dit le Juriſconſulte Modeſtin, *aut æquitatis benignitas patitur ut quæ, ſalubriter, pro utilitate hominum, introducuntur, ea nos duriore interpretatione, contra ipſorum modum, producamus ad ſeveritatem.* L. 25. ff. de legibus.

nature eſt d'être réprimée, par les Loix conſtitutives & élémentaires du Gouvernement ; interverſion monſtrueuſe de l'ordre politique, qui ſeroit auſſi pernicieuſe que déraiſonnable, & à laquelle on ne peut ſoupçonner le ſilence même du Légiſlateur d'être favorable.

Outre la crainte d'altérer la conſtitution qui a dû engager le Légiſlateur à fixer des bornes à l'autorité des parents, ſur le mariage des enfants de famille, il a dû y être déterminé par d'autres conſidérations auſſi importantes. Premiérement, par le tort extrême que des obſtacles illimités (173) feroient à la population. Secondement, par l'équité, qui ne permet pas de bleſſer le droit des particuliers, lorſqu'il n'eſt pas en oppoſition avec l'intérêt général qu'elle lui préféra toujours. Troiſiémement, par l'humanité, qui ne permet pas de gêner la liberté du citoyen, lorſqu'elle n'eſt pas deſtructive de la conſtitution fondamentale de l'Etat. Quatriémement, par la religion, qui, dans ce contrat, depuis qu'elle a élevé le ma-

(173) L'auteur du mot *mariage*, de l'Encyclopédie, remarque judicieuſement, que l'abus que faiſoient en Angleterre les enfants, de la facilité qu'ils avoient à ſe marier, étoit moins pernicieux que l'acte du Parlement qu'il fit naître en 1753. » Cet acte, » dit-il, a cru devoir joindre des formes, des termes, & des » gênes à la grande facilité des mariages : mais il ſe peut que des » contraintes pareilles nuiront à la populatio . Toute formalité » reſtrictive ou gênante, eſt deſtructive de l'objet auquel elle eſt » impoſée.

riage à la dignité de Sacrement, égale tout le monde, & veut que les mariages ne se fassent que selon l'inclination du cœur des personnes qui s'y engagent (174). Cinquiémement, enfin, par les cris de la nature. C'est à cette voix impérieuse, que toutes les institutions politiques ne peuvent étouffer, que le Législateur a dû surtout être sensible, parce que la nature, étant antérieure aux conventions, mérite la préférence, lorsque, sans blesser le pacte social, on peut la lui accorder.

Aussi, voyons-nous qu'en France, où les Loix, quoique nombreuses en cette matiere, ne se sont pas encore assez expliquées, on a senti l'utilité de faire connoître les motifs du Législateur dans les Loix faites sur les mariages des enfants de famille, afin de suppléer au défaut d'explication suffisante de ces Loix, & de prévenir les excès d'une autorité arbitraire qui voudroit se prévaloir de cette insuffisance d'explication.

Nos Jurisconsultes se sont appliqués à saisir l'esprit des Ordonnances, & à y puiser les mo-

---

(174) Ut viduæ, si priusquam continentiam profitentur, nubere elegerunt, illis nubant quos, propriâ voluntate, velint habere maritos, similiter hæc conditio & de virginibus habeatur, ne citrà voluntatem suam, maritos cogantur accipere. *Concil. Tollet.* 3. *Can.* 10.

tifs de ces Loix, pour les établir avec précision. C'est ce qu'on voit, sur-tout, dans la sçavante justification des usages de France, de M. *Le Merre*, sur le mariage des enfants de famille, faits sans le consentement des parents. Il répete, dans tout le cours de son Ouvrage, comme un principe incontestable, que *le repos de l'Etat, l'union des familles, la sanctification des mariés, sont les raisons ordinaires qui ont porté nos supérieurs à faire des Loix sur les mariages.*

M. *Le Merre* ne dit rien que ce que nos Ordonnances disent elles-mêmes, comme on peut s'en convaincre par la lecture de leur préambule, où l'on doit principalement chercher les motifs du Législateur (175).

» C'est pour empêcher, dit la célebre Ordon-» donnance de 1639, que le repos des familles » ne soit troublé, & leur honneur flétri par » des alliances inégales & souvent honteuses & » infames, n'ayant eu en cela autre dessein que » de sanctifier le mariage & de régler les moeurs » des sujets. C'est, porte l'Edit de 1697, pour » empêcher les conjonctions malheureuses qui » troublent le repos & flétrissent l'honneur de

---

(175) Intentio & sententia legis, licet ex præfationibus & præambulis (ut loquuntur,) non malè quandoque eliciatur. *Bacon, de Inst. universal. Aphorism.* 70.

» plusieurs familles, par des alliances souvent
» encore plus honteuses par la corruption des
» mœurs que par l'inégalité de la naissance.
» Toutes les Loix, dit, presque en mêmes ter-
» mes, la Déclaration du Roi de 1730, sur le
» rapt de séduction, toutes les Loix qui ont été
» faites jusqu'alors à ce sujet, ont eu principa-
» lement en vue d'assurer l'honneur & la liberté
» des mariages, & d'empêcher que des allian-
» ces indignes par la corruption des mœurs,
» encore plus que par l'inégalité des conditions,
» ne flétrissent l'honneur de plusieurs familles
» illustres ». Il ne faut pas oublier que c'est le sçavant Chancelier *d'Aguesseau*, cet homme qui avoit tout vu, & tant approfondi notre législation & la constitution de notre Gouvernement, qui a rédigé cette Déclaration, & qui nous atteste que ce sont là les motifs de toutes les Loix qui ont été faites jusqu'alors, sur la nécessité du consentement des parents, & des formalités pour la validité des mariages, sur le rapt, l'exhérédation & la cassation. On peut s'en rapporter à une attestation aussi sûre & aussi respectable, sans qu'il soit besoin d'entrer dans un plus long examen des motifs du Législateur, & prendre pour principe certain que, *le repos de l'Etat, la sanctification des époux, la paix, l'union, & l'honneur des familles, & la crainte qu'elles ne*

*fussent flétries par des alliances indignes*, *par la corruption des mœurs*, *ou par quelqu'autre note d'infamie*, ont été les objets essentiels des Loix faites sur les mariages des enfants de famille. D'où il est indispensable de conclure que tout autre motif que ceux exprimés dans ce principe, est étranger aux vues de la Loi, & par conséquent rejettable, & que l'étendue des oppositions des parents doit être circonscrite dans les bornes établies par ce principe, où l'égalité modérée de conditions & de biens n'entre point, encore moins le caprice, l'envie, la haine, la vengeance, ni tous les autres motifs subalternes qui ne sont pas essentiellement liés au maintien de la constitution, ou n'ont aucune analogie à ceux indiqués par les Ordonnances; comme je vais le démontrer dans le Chapitre suivant.

# CHAPITRE XI.

## *De l'inégalité de fortune & de conditions.*

IL résulte de ce que j'ai établi dans le Chapitre précédent, que l'inégalité modérée de fortune & de conditions, ne fait point partie des motifs du Législateur, pour empêcher un mariage qui, d'ailleurs, est conforme à ses vues, & qu'elle ne doit pas conséquemment en être un, pour les parents qui ne doivent pas être plus délicats que la Loi, parce qu'elle est le résultat des combinaisons les plus réfléchies, le fruit de la sage expérience. Cela posé, ils doivent se laisser guider aux raisons qui ont guidé la Loi dans les tempéraments qu'elle a gardés. Je vais développer plus amplement ces raisons, pour les leur faire connoître.

Les termes mêmes de nos Ordonnances, prouvent qu'elles n'ont point eu en vue l'inégalité modérée, mais celle capable *de flétrir l'honneur par la corruption des mœurs*, ou quelqu'autre note *d'infamie*. Elles ne séparent point ces termes de *l'inégalité de la naissance*. Or, ils ne conviendroient pas à l'inégalité modérée de conditions, qui n'emporte que la disproportion &

tion l'infamie & la flétrissure. Elles ne peuvent donc être entendues, que de l'inégalité absolue de conditions & de fortune, puisque c'est la crainte que *des alliances indignes ne flétrissent*, comme s'exprime la Déclaration du Roi de 1730, *l'honneur de plusieurs familles illustres*, *& ne deviennent la cause de la ruine de ces mêmes familles illustres*, qui, seule, leur inspire des précautions.

Cependant, il n'est pas toujours nécessaire que l'alliance soit entre une personne obscure & une personne illustre, pour qu'il y ait une inégalité absolue. L'infamie & la flétrissure d'une personne qui, sans cela, seroit égale, a le même effet: voilà les deux sources d'inégalité absolue, indiquée par nos Ordonnances, & l'on trouve la raison de l'une & de l'autre, dans la constitution même du Gouvernement.

L'infamie & la flétrissure doivent être en horreur, dans un Gouvernement dont le principe est *l'honneur*, comme le Gouvernement Monarchique.

L'alliance d'un Citoyen de la premiere classe, avec un Citoyen de la derniere, doit être également proscrite, dans un Gouvernement dont *l'inégalité* est la base, comme le Gouvernement Monarchique.

La suite de ce Chapitre va expliquer l'étendue & les bornes de ces deux principes.

L'inégalité,

L'inégalité, dans les différents degrés qui forment l'échelle du Gouvernement Monarchique, ne peut être altérée, jusqu'à un certain point, qu'on n'altere en même-temps la forme de ce Gouvernement. La considération attachée aux premiers rangs entretient la subordination qui conserve l'harmonie du corps politique. On doit donc éviter, autant qu'il est possible, d'affoiblir cette considération, par des alliances trop disproportionnées qui combleroient l'intervalle qui se trouve entre le premier & le dernier ordre des Citoyens. De pareilles alliances sont pour m'exprimer dans le style du sage Sully, *affoiblissement d'Etat.* Elles mettent le trouble & la division dans les familles les plus illustres, & altérent la constitution fondamentale, en faisant disparoître peu à peu l'inégalité qui en est la base.

Mais, comme d'un autre côté, les hommes naissent tous égaux dans l'état de nature, & que cette égalité n'est altérée que par les conventions sociales, il s'ensuit que la délicatesse sur l'inégalité ne doit pas être portée au-delà des bornes fixées par les conventions, sans quoi elle est défavorable. De ce principe certain sort une conséquence qui ne l'est pas moins dans notre Gouvernement, qu'il suffit, pour n'en pas blesser la constitution, d'éviter les excès d'inégalité dans les alliances, ſoit qu'ils proviennent de l'infamie même, entre Citoyens qui ſeroient d'ailleurs égaux, ſoit qu'ils proviennent de la diſtance extrême qu'il y a entre les ſpheres de leur extraction, & qu'à l'égard des ſpheres intermédiaires, on peut les rapprocher par des alliances, ſans bleſſer la conſtitution. Voilà la meſure de circonſpection qu'il faut avoir dans le Gouvernement Monarchique. Faiſons-en l'application pour la rendre plus ſenſible.

Les Princes, les premiers Seigneurs de la Cour ne doivent pas s'allier avec la roture, ni même avec la Nobleſſe du bas étage, ni jamais ceux de la haute Nobleſſe avec les roturiers. Un ſeul exemple de ce genre altere l'harmonie du Gouvernement Monarchique.

Auſſi avons-nous conſervé l'empêchement de dignité qu'avoient établi les Romains (176), (en ne permettant pas que les Patriciens s'alliaſſent avec les affranchis) dans le mariage que voudroit faire quelque perſonne de conſidération, avec une perſonne infame (177), ou quelque

---

(176) On voit les traces de cet uſage, dans différentes Loix; au Dig. *de ritu nupt.* Et au Cod. *de nupt.*

(177) » L'indignité, dit *Baſnage*, ſur l'art. 369, de la Cou-
» tume de Normandie, peut procéder d'une infamie de droit ou
» de fait. Les infames de droit ſont ceux qui ſont notés par
» quelques Jugements. Les infames de fait ſont les gens de mau-
» vaiſes mœurs, dont la conduite eſt impure & ſcandaleuſe. Si

perſonnage important dans l'Etat, avec un autre d'une naiſſance beaucoup inférieure.

Mais, nos Ordonnances n'ont eu en vue que ces deux cas, comme nous l'avons ci-devant remarqué. Non ſeulement les termes, dans leſquels elles s'expriment, le font aſſez ſentir, non ſeulement la nature de la conſtitution qui n'exige pas une plus grande ſévérité, dont l'effet ne pourroit qu'être contraire à l'humanité & à la population, ſans être utile à l'Etat, nous démontre qu'elles n'ont pu en avoir d'autres : mais encore la circonſtance de n'avoir été faites qu'à l'occaſion des mariages de gens élevés en dignités (178),

---

» la fille faiſoit un ſi mauvais choix que de prendre un homme » de cette qualité, l'oppoſition d'un pere ſeroit très-raiſonnable. Mais il ne faut pas étendre le nom de mauvaiſes mœurs ni l'infamie qui les accompagne, à la foibleſſe qu'une jeune perſonne aura eue pour ſon amant, ni dire, avec *Baſnage*, contre le ſentiment de *Menochius*, qu'on peut, validement, s'oppoſer au mariage d'un fils avec une fille, dont il a joui, ſous le prétexte qu'on a à craindre une ſeconde rechûte. Cette opinion contraire à la religion, auſſi bien qu'à la nature, eſt trop révoltante; la foibleſſe de cette jeune fille, en faveur ſeulement de l'amant qui veut l'épouſer, n'eſt pas une raiſon de craindre qu'elle en ait pour d'autres, & n'établit pas le caractere d'infamie que la Loi a en vue.

(178) L'Ordonnance de Henri II. de 1556, fut faite, ſuivant l'Extrait hiſtorique de Mezerai, à la ſollicitation de M. le Connétable *de Montmorency*, pour empêcher François de Montmorency, ſon fils, de contracter mariage avec Demoiſelle de Pienne, quoique fort belle, parce qu'elle étoit d'une condition très-inférieure, & qu'il vouloit faire épouſer, à ſon fils, la fille naturelle du Roi.

L'Ordonnance faite à Blois, en 1579, fut décidée dans l'article 182, par le mariage de la veuve d'un homme diſtingué dans la robe, avec ſon domeſtique nommé *Brandanne*.

dont l'accompliſſement eût été humiliant & déſavantageux pour leurs familles, & eût troublé, par le rang qu'elles y occupoient, le bon ordre de l'Etat; le ſentiment d'Avocats célebres (179), même de MM. les Avocats Généraux (180),

---

La célébre Ordonnance de 1639, fut faite à l'occaſion d'un mariage inégal: contracté par une femme de qualité, avec un valet.

(179) M. *Lemaître*, dans ſon cinquieme Plaidoyer, dit au ſujet de l'Ordonnance de 1556, faite à la ſollicitation de M. le Connétable de Montmorency; que » les autres Loix naiſſent d'une » licence générale & d'un déſordre public; ce qui rend leur juſ» tice univerſelle pour tout le monde, au lieu que celle-ci doit » ſe rapporter comme l'effet à ſa cauſe, & véritablement elle » eſt utile; en ce qu'elle peut conſerver la ſplendeur des mai» ſons, comme elle fit d'une des plus illuſtres du Royaume, » auſſi-tôt qu'elle fut publiée, l'Etat ayant intérêt que les ma» riages des Princes & des Grands augmentent leurs maiſons, » par un accroiſſement d'honneurs & de richeſſes, parce qu'ils » en font les plus nobles parties, les plus grands ornements, & » les colonnes puiſſantes qui les ſoutiennent: mais comme les „ ruiſſeaux tiennent de leur ſource, cette Ordonnance juſte, par „ le ſujet qui l'a fait naître, s'eſt trouvée injuſte pour les autres, „ principalement, dans le quatrieme article: car, comme elle „ ne peut ſervir que pour les enfants mâles des grands, les „ filles étant toujours mariées fort jeunes, elle n'exerceroit, „ au contraire, ſon autorité que contre les filles de moindre „ condition, que leurs peres ne marieroient pas, par négligence, „ ou mettroient en religion par force. Ce qui a fait que le „ quatrieme article n'a jamais été obſervé, parce que, s'il l'é„ toit, il favoriſeroit la violence & l'avarice des peres, & met„ troit les filles en proie à ces déréglements d'eſprit & à ces „ paſſions brutales.

(180) M. l'Avocat Général *de S. Martin*, dit, lors de l'Arrêt du Parlement d'Aix, en date du 14 Mars 1689, qui ſuivit ſes concluſions, dans la cauſe du ſieur Joſeph Caballol & d'Anne Geniere, rapporté au Journal du Palais, *12e. partie*, *page 75* & ſuiv. de l'Edition de 1695, que » quant à l'intérêt d'honneur, „ on le peut conſidérer en général, par rapport à la condition „ d'Anne Geniere, ou par rapport à ſa conduite. Si l'on con„ ſidere ſeulement ſa condition, ce n'eſt pas parmi nous un „ moyen; le Chriſtianiſme égale tout le monde, & nous n'avons

qui nous l'atteſtent, acheve de nous convaincre que nos Ordonnances n'ont eu en vue que l'inégalité abſolue qu'établit l'infamie, même entre des Citoyens d'ailleurs égaux, ou une diſproportion extrême dans leur extraction.

Ainſi, nos Ordonnances n'ont point eu pour objet les alliances où ſe rencontreroit une inégalité modérée, ſans être accompagnée de la corruption des mœurs, de vie ſcandaleuſe & d'infamie, & il ne faut pas conſidérer, comme tachée d'infamie, la condition des ſerviteurs, reſpectivement à leurs maîtres (181), à moins

---

„ point autoriſé la différence de conditions que les Romains avoient „ introduite, pour les mariages, n'ayant pas permis que le ſang „ des Patriciens ſe mêlât avec celui des affranchis : mais, encore „ une fois, nous n'avons point autoriſé cet uſage; nous avons „ conſidéré, que, depuis que le mariage a été élevé à la dignité „ de Sacrement, il a auſſi élevé toutes les perſonnes à la capacité „ de le contracter, avec qui bon leur ſembloit, ſelon l'inclina- „ tion, & l'occurrence.

„ Auſſi n'eſt-il pas en notre pouvoir, de naître de perſon- „ nes qualifiées, ſoit par les emplois de la robe ou de l'épée, „ ſoit par une ſuite d'aïeuls qui ſe ſoient diſtingués par leur „ mérite. C'eſt un coup du hazard & de la bonne fortune.

„ Il en eſt de même des biens. C'eſt un avantage étranger „ à la perſonne, qu'on ne lui peut point imputer, & qui n'a rien „ de honteux.

„ Si Anne Geniere n'avoit point d'autres défauts, que ceux „ de la baſſeſſe de ſa condition & de ſa fortune, nous trouverions „ les appellants trop délicats, en s'oppoſant, pour cela ſeul, au „ mariage de leur neveu & de leur frere... Mais c'eſt ici une fem- „ me qui, outre l'inégalité de condition & de bien, a mené une „ vie ſcandaleuſe. Elle a été flétrie par un Arrêt, qui eſt un „ monument perpétuel de ſon infamie.... Par ces raiſons, nous „ eſtimons qu'il y a lieu de nous recevoir appellants, comme „ d'abus, &c.

(181) Dans les premiers temps de notre Monarchie, le ma-

que quelques-unes de ces taches (182), ne ſoient jointes à l'obſcurité de leur état, ou qu'il ne ſe trouve dans leur mariage omiſſion de quelques formalités eſſentielles (183).

---

riage des hommes Francs, avec les Serfs, étoit défendu ; mais il ceſſa de l'être, lorſque le Chriſtianiſme, qui avoit élevé le mariage à la dignité de Sacrement, devint la religion dominante. Yves de Chartres, auſſi inſtruit du Droit que pouvoit l'être un homme qui vivoit dans un temps où il y avoit encore des eſclaves en France, ayant été conſulté, pour ſçavoir ſi le mariage d'un homme de qualité, avec une eſclave, étoit valable, répondit, que, ſi l'on avoit égard aux conſtitutions de Iuſtinien, il étoit nul : mais que, ſi l'on avoit égard au droit divin, & aux Loix du Chriſtianiſme, il étoit bon. D'où l'on peut conclure, comme l'ont fait toujours en pareils cas MM. les Gens du Roi, que, de nos jours, où les perſonnes de condition ſervile ne ſont pas eſclaves, un mariage fait avec ces ſortes de perſonnes eſt bon & valable ; pourvu, que, d'ailleurs, il ne ſoit pas irrégulier, & c'eſt ce qui fut jugé par Arrêt du 2 Septembre 1687, rapporté au journal des Audiences, ſupplém. *tom. 7. liv. 4. chap. 7.*

(182) Outre le défaut de réquiſition du conſentement du pere, ce fut le motif de l'Arrêt de Deſchamps, rapporté au Journal des Audiences, *tom. 1. liv. 3. chap. 53.*

(183) » S'il ſe trouve, dit encore M. l'Avocat Général *de* » *S. Martin*, dans la cauſe d'Anne Geniere, quelques Arrêts » qui ont donné atteinte à des mariages faits par des maîtres „ avec leur ſervante, ce n'eſt pas préciſément ſur l'inégalité des „ conditions, mais ſur la clandeſtinité, & par quelque autre défaut „ de formalités eſſentielles.

En effet, ce ne fut pas ſeulement l'inégalité qu'il y avoit entre le ſieur Charlet & une ſervante, ce fut principalement l'omiſſion de requérir au-deſſous de trente ans, le conſentement de ſon pere, & la ſubornation commencée en minorité, qui déterminerent l'Arrêt du 16 Juin 1663, rapporté au Journal des Audiences, *tom. 2, liv. 2, chap. 28*, & dans l'Arrêt rendu contre Henri l'Eſcot, qui avoit auſſi épouſé une ſervante, en date du 18 Décembre 1666, rapporté au Journal des Audiences, *tom. 2, liv. 6, chap. 3*, outre la circonſtance d'inégalité, il y avoit encore celle de la clandeſtinité & de la célébration du mariage, hors la préſence du propre Curé, & du déréglement de la fille. De même, lors de l'Arrêt du 16 Juillet 1711, rapporté au Journal des Audiences, *tom. 6, liv. 1, chap. 28*, on fit valoir la préſomption du rapt, jointe à l'inégalité.

C'eſt pourquoi nous voyons que le Parlement de Provence, en ſuivant les concluſions de M. l'Avocat Général *de S. Martin*, ne voulut pas permettre le mariage du ſieur Cabaſſol, avec Anne Geniere, déterminé, non par l'inégalité de condition & de fortune, mais par la vie ſcandaleuſe, par la corruption des mœurs de cette femme, par l'infamie (184) dont l'avoit couverte un Arrêt flétriſſant, & c'étoit ſe conformer exactement aux Ordonnances qui proſcrivent, ſans équivoque, & en termes exprès, toute alliance *indigne par la corruption des mœurs, toute alliance honteuſe & infame.*

M. L'Avocat Général *de Lamoignon* (185), dit auſſi, dans une cauſe intéreſſante, qu'on ne pouvoit pas dire que, parmi nous, l'inégalité fût un obſtacle à un mariage légitime, que nous n'avons point d'Ordonnances qui condamnent ces ſortes de conjonctions, quoique l'on eût vu

---

(184) Si la circonſtance de l'infamie & de la vie ſcandaleuſe, fut le principal motif de l'Arrêt du 14 Mars 1689, il s'en trouvoit encore d'acceſſoires, tels que le défaut de domicile ſuffiſant pour établir la qualité de propre Curé, & l'omiſſion des bannies, motifs, qui, à la vérité, n'auroient pas été d'un aſſez grand poids, par eux-mêmes, ſi l'infamie n'y avoit pas été jointe, ( Cabaſſol, étant majeur, ) pour faire recevoir des parents collatéraux, qui, ſans cela, n'auroient pas été compétents dans l'eſpece, appellants, comme d'abus, du mariage, & faire admettre leurs moyens.

(185) Lors de l'Arrêt du 26 Février 1675, contre la veuve Charlet, rapporté au Journal des Audiences, *tom. 3, liv. 2, chap 2.*

des Arrêts qui les avoient déclarées nulles: mais, que c'étoit lorsqu'il y avoit eu quelqu'autre moyen de les casser (186).

La réunion de toutes ces réflexions prouve démonstrativement, que s'il répugne à la constitution du Gouvernement & à l'esprit des Ordonnances, que le premier ordre des Citoyens s'allie avec le dernier, ou que des Citoyens, d'ailleurs égaux, s'unissent avec ceux qui seroient tachés d'infamie, il n'y répugne pas de même que les Citoyens de la sphere intermédiaire, lorsqu'il ne sont tachés, ni les uns ni les autres, d'aucune note d'infamie, contractent ensemble des alliances, quelle que soit même l'inégalité qui peut se trouver entre eux.

Ainsi, un Bourgeois, un Gentilhomme même, d'une Noblesse ordinaire, peuvent épouser leurs servantes, dans la stricte intention de la Loi (187), sans qu'on puisse précisément, pour cela, donner

---

(186) *Basnage*, sur l'art. 369, de la Coutume de Normandie, est assez d'accord avec les principes que nous avons établis, lorsqu'il dit que, cependant „ l'inégalité de condition, *si elle* „ *étoit considérable*, fourniroit encore au pere & à la mere, „ un moyen légitime d'opposition. „ Termes qui prouvent qu'elle n'en fournit point, lorsqu'elle n'est pas considérable.

(187) Ce n'est pas que je veuille dire que de pareilles alliances soient louables, & qu'elles ne soient pas humiliantes, pour ceux qui les contractent. Je veux dire seulement, qu'elles ne sont pas contraires à la constitution ni à l'esprit de la Loi; & s'il s'est trouvé des cas où les Magistrats ont empêché des mariages de cette espece, dans l'hypothese même où il n'y avoit ni déshonneur réel, ni omission de formalités, cela ne prouve rien contre la vérité de ce principe, puisé dans l'intention du Législa-

atteinte à la validité de leur mariage (188).

On doit dire à plus forte raiſon, qu'il ne répugne point à nos principes, qu'un Bourgeois épouſe une fille Noble, d'une nobleſſe commune (189), & qu'un Gentilhomme ordinaire épouſe une roturiere (190).

---

teur, qui a été dirigée par l'intérêt de la population & la nature de la conſtitution. Cela prouve ſeulement qu'on a eu des égards pour de certaines perſonnes.

(188) On peut bien néanmoins, quelquefois, avoir, avant que le mariage ſoit fait, des motifs aſſez preſſants, pour engager les Parlements à ordonner que les parties ceſſeront de ſe fréquenter, & s'abſenteront pendant un temps déterminé; pour tâcher de les détacher l'une de l'autre, dans les cas même où il n'y a pas inégalité abſolue, & où il n'y a que de la répugnance de la part des parents. Le Parlement de Bretagne, par Arrêt du 20 Décembre 1719, rapporté au Journal de M^e. Duparc Poulain, *tom. 1*, *chap. 89*, ordonna à un fils majeur, qui vouloit ſe marier ſans le conſentement de ſon pere, de s'abſenter pendant ſix mois, loin de celle qu'il vouloit épouſer, quoiqu'il n'y eût aucune allégation de ſubornation commencée en minorité. Le Parlement de Rouen, par Arrêt du 20 Décembre 1670, cité par *Baſnage*, ſur l'article 369, de la Coutume de Normandie, ordonna à une fille majeure de vingt-cinq ans, de ſe retirer chez ſon pere pendant dix-huit mois, ſans voir ſon amant, & après ce temps écoulé, la Demoiſelle ayant perſévéré dans ſon choix, le Parlement permit de paſſer outre, au mariage, malgré la réſiſtance du pere & des autres parents.

(189) Si ces alliances n'avoient pas quelquefois l'inconvénient d'occaſionner des reproches toujours inſupportables, auxquels on s'expoſe, en s'alliant au-deſſus de ſoi, elles ne pourroient être que très-avantageuſes, dans notre conſtitution actuelle, toute tournée vers le Commerce, comme je l'ai remarqué dans ma Méthode, pour ſimplifier les Loix, 2^e. *Edit. pag. 82*. un Négociant, par exemple, auroit, dans la dot de ſa femme noble, qui, la plupart du temps ne conſiſte qu'en argent, ſans eſpoir d'autres avantages, une grande reſſource pour ſon négoce. Un Noble riche en terres, auroit, dans la dot d'une riche Négociante, le moyen de maintenir ſes propres *individus*; & les richeſſes du Négociant compenſeroient, à ce moyen, les honneurs de la Nobleſſe, comme la Nobleſſe le récompenſeroit d'avoir bien mérité de l'état, par ſes travaux; il en ſeroit de même, de toute autre profeſſion.

(190) Les Parlements autoriſent tous les jours de pareils ma-

Que conclure d'un roturier à un roturier? Seroit-il, après cela, besoin de dire que l'inégalité de fortune ou de conditions, qu'on suppose pouvoir exister, même dans cet ordre de Citoyens, est un motif, non seulement impuissant, pour empêcher les mariages qu'ils voudroient faire entre eux, mais encore contraire à l'intention de la Loi? Cela peut-il être douteux? On ne le croiroit pas, si l'expérience journaliere ne le prouvoit: mais les obstacles que cette inégalité prétendue apporte aux mariages des roturiers, entre eux, sont peut-être la principale cause de ce célibat universel & scandaleux, qui mine sourdement les forces de l'Etat.

Il n'est presque personne qui se borne, soit sur la naissance, soit sur la fortune, à l'égalité, parce que l'orgueil qui porte ses prétentions à l'infini, dans le cœur de l'homme, toujours enclin à se préférer aux autres, lui ferme les yeux sur cette égalité, quelque évidente qu'elle soit (191).

---

riages: il suffit d'en citer un exemple pour le prouver. Par Arrêt du 28 Novembre 1690, rapporté au Journal des Audiences, *tom. 4*, *liv. 5*, *chap. 10*, il fut permis à un jeune Gentilhomme, majeur de vingt-cinq ans, de se marier, nonobstant l'opposition de sa mere, avec une fille roturiere; les autres sœurs de cette fille avoient également épousé des nobles, ce qui prouve que ces alliances ne sont pas rares, & qu'on ne les regarde pas comme contraires à la Loi, ni à la constitution du Gouvernement.

(191) Ne voit-on pas tous les jours des Bourgeois de Village & de petite Ville; » Gens, dit l'Auteur sensé de *l'Ami des » hommes*, qu'on appelle vivants de leurs biens, race occupée à

Rien n'eſt plus commun aujourd'hui que ce qu'on appelle *des Glorieux* : » ce caractere triſte » qui eſt le maſque de la grandeur, l'étiquette » des hommes nouveaux, la reſſource des hom- » mes dégénérés, le ſceau de l'incapacité, & » dont les ſots font le ſuppplément du méri- » te (192) ». Qu'on leur demande ſur quels titres ils fondent la préférence qu'ils ſe donnent ; ils reſtent muets, ou ils vous renvoient avec hauteur à la voix publique. Ils ont crié au peuple, nous valons mieux que tous les autres ; le peuple toujours crédule, toujours prêt à adorer l'éclat ou l'impudence, les a crus, a encenſé l'idole, & l'idole à force d'être encenſé, s'eſt cru lui-même une divinité. Quelle extravagance !

---

» médire & à mal faire, dont je conſeillerois, ajou[illegible]-t-il, de » purger la ſociété, juſqu'à ce qu'ils s'appliquaſſent tous à quelque » honnête profeſſion. » Ne voit-on pas, dis je, tous les jours cette eſpece d'hommes dédaigner la roture, & ne prétendre à rien moins, pour leurs filles, qu'à des Gentilshommes, & même à des Seigneurs de Paroiſſe. Encore ai-je vu que ceux de cette derniere claſſe ne ſuffiſoient pas, parce qu'ils n'étoient qu'égaux en fortune, quoique ſupérieurs en naiſſance.

(192) Ces traits énergiques, dont l'Auteur du mot *Glorieux*, dans le Dictionnaire Encyclopédique, a peint le ridicule caractere, ſuffiroient, pour en corriger ceux qui l'ont, ſi la même foibleſſe d'eſprit qui le leur fait prendre, ne les empêchoit d'en ſentir la ſottiſe : mais ce qu'il y a de plus extravagant, c'eſt que bien loin de ſe croire auſſi ridicules, ceux qui ont le malheur d'avoir ce caractere, » croient, dit le même Auteur, preſque toujours le » voir dans les autres, & la baſſeſſe qui rampe aux pieds de » la faveur, diſtingue rarement de l'orgueil qui mépriſe, la fierté » qui repouſſe le mépris. » Quel changement peut-on attendre de la raiſon, dans des gens de cette eſpece ? Il n'y a que la force coactive de la Loi qui puiſſe les dompter. Qu'ils voient donc, dans ſon eſprit, ſur l'inégalité, ce qu'ils ne voyoient pas, avant de le connoître.

s'il ſuffiſoit, pour donner la préſéance à ſa famille, de perſuader, ſans examen, le public de ſe perſuader ſoi-même qu'elle la mérite, il n'y auroit peut-être pas un homme, entr'autres, dans les petits endroits, où le bon ſens & l'éducation n'abondent pas, qui ne fût aſſez vain, pour ſe placer orgueilleuſement au-deſſus de ſon voiſin. Mais ſi le peuple imbécile eſt crédule, les égaux de ces gens à prétentions, ne ſont malheureuſement pas ſi faciles. Ils leur refuſent avec obſtination la ſupériorité qu'ils veulent uſurper. De-là, les diviſions inteſtines qui troublent les petites Villes; de ces diviſions réſultent, entre des familles, des antipathies éternelles, la rupture des inclinations de leurs enfants, & des mariages qui ſeroient le plus de convenance, dans la rigueur même du préjugé, ſi l'animoſité n'aveugloit pas les parents, & ne leur faiſoit pas imaginer de l'inégalité où il n'y en a point (193).

---

(193) Qu'arrive-t-il encore de ces entêtements criminels & de ces délicateſſes ridicules? Les effets les plus pernicieux à la population, on a beau ſacrifier à l'établiſſement d'une jolie aînée, ſes ſœurs cadettes, & les vouer à une virginité perpétuelle, comme ſi la nature avoit eu, pour leurs parents cruels, la complaiſance de les priver, plus que leur aînée, des organes de la génération; on a beau parer cette petite Bourgeoiſe comme une Marquiſe, lui inſpirer toute la frivolité, & l'élégance des petites maîtreſſes les plus qualifiées, lui donner tout ce qu'on appelle belle éducation, qui peut être l'oppoſé de la bonne éducation, les Marquis n'en viennent pas plus vîte, les égaux, les Bourgeois ne viennent plus, l'orgueil les a rebutés, le luxe les effraie. La fille reſte fille, maudit ſes parents & devient dévote, les pere & mere enragent de voir leur poſtérité éteinte, le pu-

Mais, quelles que soient les prétentions de l'orgueil, elles ne peuvent former un obstacle raisonnable au mariage des Citoyens, à moins qu'il n'y ait inégalité absolue, provenant de l'infamie ou de la disproportion extrême de l'extraction. C'est-là, comme nous l'avons démontré, le point où la Loi s'arrête. Les termes de nos Ordonnances n'expriment d'autres moyens d'opposition que cette inégalité absolue. S'être circonscrites dans ce moyen, c'est donner tacitement exclusion à tous les autres, & cette exclusion tacite devient expresse par la nature de la constitution, dans laquelle celui seul de l'inégalité absolue entre, & les autres n'entrent point; comme l'inégalité modérée, qui n'est ni dans les termes de nos Ordonnances, ni dans la nature de la constitution. On ne trouve point non plus, ni dans les unes ni dans l'autre, tous les autres motifs subalternes des parents, dans les difficultés qu'ils font, tels que la haine & la vengeance (194), l'envie (195), les prédilections

---

blic en rit: car on rit toujours de voir l'orgueil puni: mais l'état en souffre, & sans cela il n'y auroit pas de mal.

(194) La Fable de Pirame & Thisbé, n'est pas toujours une Fable. Combien de mariages ont été manqués, par la haine d'une famille contre une autre; une brouillerie, une querelle, suffisent pour rompre les liens les plus étroits; & il semble, que, plus ils sont forts, plus les mauvais cœurs trouvent de raffinements dans la vengeance qui les porte à désunir deux amants innocents de leurs divisions. Les exemples de ce genre de cruauté sont si communs, qu'il n'est pas de Ville où l'on n'en ait vu.

(195) Souvent d'un homme borné & vain, est issu une fille

déraiſonnables (196), & la crainte de déſobliger une famille inſenſément prévenue (197); d'où il faut conclure que tous ces moyens ne ſuffiſent pas aux parents, pour empêcher le mariage de leurs enfants, ni pour leur refuſer leur

---

de mérite; un jeune homme d'eſprit qui la voit, s'attache à elle, par ſympathie & par eſtime; ce qu'il croyoit devoir le faire agréer du pere eſt précisément ce qui fait ſon crime: il eſt trop ſupérieur a ce pere envieux, pour s'expoſer à être humilié par un tel gendre. Combien ne voit-on pas d'exemples d'une pareille baſſeſſe, & combien la différence des profeſſions n'en fournit-elle pas? L'homme d'épée dédaignera l'homme de robe, & celui-ci l'homme d'épée. L'ignorant Médecin dédaignera le Chirurgien habile, tous deux dédaigneront l'honnête Laboureur qui cultive ſes terres, tandis que, s'il étoit raiſonnable de dédaigner quelqu'un, ce ſeroit lui, qui, à plus juſte titre, pourroit les dédaigner tous deux, par la raiſon que l'utile eſt toujours ſubordonné au néceſſaire.

(196) Tel fat qui plaira à une mere, encore coquette à cinquante ans, aura ſouvent la préférence, ſur un jeune homme ſenſé, qui n'aura pas la même inconſéquence, pour ne pas dire, la même indécence dans le propos, pendant que la fille, plus raiſonnable, aura donné ſon cœur à l'honnête jeune homme, dont la ſolidité lui fait eſpérer des jours plus conſtamment heureux. Une pareille prédilection eſt bien contraire au conſeil que donne le S. Eſprit, de préférer l'homme ſenſé à tout autre. *Trade filiam, & grande opus feceris, & homini ſenſato da illam.* Eccléſiaſtiq. Cap. 7. v. 27.

(197) La crainte des Ordonnances que *l'union des familles ne ne ſoit troublée & leur honneur flétri*; ſerviroit ſouvent de prétexte à des parents vains & de mauvaiſe humeur, pour empêcher un mariage, ſi les bornes, dans leſquelles ces termes ſont renfermés, n'étoient pas fixées, par tout ce qu'on a dit dans ce chapitre. Il ſuffiroit qu'un mariage fut contraire à leurs vues, & qu'ils s'imaginaſſent qu'il y a inégalité, préjugé que l'amour propre étend ſans ceſſe, pour qu'ils diroient, qu'il *troubleroit l'union & flétriroit l'honneur* de leur famille; mais, comme nous l'avons vu, ce n'eſt pas de cela dont la Loi a entendu parler. Un mariage déshonorant & flétriſſant: voilà celui qu'elle a regardé comme contraire à l'honneur & conſéquemment à l'union des familles. Si l'union des familles n'eſt troublée que par un caprice mal fondé des parents, ſi leur honneur n'eſt flétri que dans leur imagination, tant pis pour eux; la Loi n'autoriſe ni le caprice ni la folie.

consentement. Ces motifs, ni tous autres qui auroient pu être prévus avant de le donner, ne doivent pas leur suffire, à plus forte raison, pour révoquer ce consentement lorsqu'il est donné, comme je vais le prouver plus amplement ci-après.

# CHAPITRE XII.

*De la révocation du consentement des parents au mariage des enfants de famille.*

Si le droit qu'ont les parents de refuser leur consentement au mariage des enfants de famille, est restreint au cas où il y a inégalité absolue, & s'il ne s'étend pas à l'inégalité modérée, si les autres motifs subalternes ne peuvent, à plus forte raison, lui servir de fondement, il est conséquent de dire que le droit qu'ils ont de révoquer leur consentement, doit être renfermé dans les mêmes bornes : mais il y a plus ici ; les bornes du droit de révoquer le consentement lorsqu'il est donné, sont beaucoup plus resserrées encore que celles du droit de le refuser : car tel motif qui auroit fondé le refus, ne peut fonder la révocation, si ce motif pouvoit être prévu avant le consentement. Développons ces principes.

Le consentement des parents au mariage de leurs enfants, » est, dit M. *de Montesquieu* (198), » fondé sur leur amour, sur leur raison, & sur » l'incertitude de celle de leurs enfants, que

(198) De l'esprit des loix, *liv. 23, chap. 7.*

» l'âge

» l'âge tient dans l'état d'ignorance & les paſ- » ſions dans l'état d'ivreſſe. » Si donc les parents l'accordent, ou s'ils le refuſent, ce doit être par principe d'*amour* pour les enfants, & non par un principe de vanité déplacée ; ils doivent être guidés par la *raiſon*, & le premier acte de cette raiſon eſt d'être ſoumis à la Loi, & de ne pas s'écarter de ſes intentions. La haine, l'envie, l'eſprit de parti ne doivent donc pas être leurs guides.

De ſorte que, ſi les parents ſe laiſſoient conduire à d'autres motifs, que ceux de leur amour, de la raiſon & de la loi, pour révoquer leur conſentement, après l'avoir donné, la confiance du légiſlateur ſeroit trahie, & ſon intention éludée. En effet, en qui devroit-on ſuppoſer plutôt *cet état d'ignorance*, *cette incertitude de raiſon*, incapable de prendre un parti ſage & déterminé, ou dans les enfants qui, fondés ſur la premiere volonté de leurs parents, perſévéreroient dans un amour qu'ils auroient approuvé, ou dans des parents qui, tour-à-tour, conſentiroient & ſe retracteroient ? leſquels devroit-on ſuppoſer plutôt réduits par les paſſions dans un *état d'ivreſſe*, ou des parents qui ſe laiſſeroient entraîner par la haine, par l'envie, par la vengeance, ou par une ambition déſordonnée à révoquer leur conſentement, ou des enfants qui ſuivroient avec conſtance leur premiere inclination? lesquels jugeroit-on plus dignes d'administrateurs & de guides, ou des parents inconstants qui révoqueroient un consentement authentique, donné avec liberté & avec connoissance, & se joueroient ainsi arbitrairement de la foi des promesses, ou des enfants qui tiendroient avec fermeté un engagement que l'honneur ne permet pas de rompre, lorsqu'il est raisonnable? Peut-on balancer à dire qu'une incertitude perpétuelle, un flux & reflux de consentement & de retractation que décideroit un caprice momentané, loin d'être une preuve de *raison*, seroit au contraire la preuve la plus complette d'un défaut de maturité.

La Loi ne peut donc permettre indéfiniment aux parents, comme ils se l'imaginent faussement, de révoquer leur consentement, après l'avoir donné, parce qu'il en résulteroit des injustices & des maux innombrables, contraires à ses vues droites & bienfaisantes. La moindre bagatelle peut suffire, pour piquer un parent de mauvaise humeur. Il ne manqueroit pas, comme l'expérience l'a prouvé bien des fois, de chercher à se venger, tant en révoquant son consentement, qu'en sollicitant à le révoquer, ceux qui auroient concouru à autoriser le mariage.

Il faut donc que les motifs de révocation soient les mêmes que ceux qui auroient pu fonder le refus du consentement. Cela ne suffit pas ; il faut que ces motifs n'aient pu être prévus avant le consentement : car s'ils eussent pu se prévoir avant le consentement, les parents auroient eu tort en ce cas, & seroient inexcusables de l'avoir donné, & l'on ne présume pas, dès qu'ils l'ont donné, qu'ils aient eu des raisons plausibles pour ne le pas faire. Il est donc nécessaire, pour fonder la révocation, que ces raisons soient non seulement fortes & conformes à l'intention de la Loi, mais encore qu'elles soient survenues depuis le consentement donné.

Tous ces raisonnements ne sont point destitués de preuves & d'autorités. Différents Arrêts ont établi cette Jurisprudence, si conforme à la raison (199). Nous en voyons un, rendu sur les conclusions de M. l'Avocat Général *Bignon* (200), qui jugea qu'un frere, tuteur de sa sœur, ayant agréé son mariage &

---

(199) Il seroit à souhaiter que nos Ordonnances qui gardent le silence sur bien d'autres points favorables a la liberté des enfants, eussent sur celui-ci, une disposition précise, qui renfermât tout ce qu'a établi la Jurisprudence des Arrêts. Elles ne pourroient, en ce cas, prendre de meilleur modele, que le Code Fréderic. „ Quand les parents, y est-il dit, *part. 1. liv. 2, tit. 2*, §. 25. „ dont le consentement est requis, ou l'un d'entre eux, auront „ une fois donné leur consentement au mariage de leurs enfants, „ ils ne pourront le révoquer, à moins qu'ils n'eussent de *nouvelles* „ *raisons* pour le faire ; ce dont nos Cours de Justice prendront, „ en tout cas, connoissance.

(200) Arrêt du 10 Mars 1654, rapporté par Soëfve, *tom. 1, Cent. 4, chap. 56.*

ſigné les articles du contrat ; avec pluſieurs autres de ſes parents, ne pouvoit changer poſtérieurement & s'oppoſer à ce mariage.

Nous en voyons encore un autre (201), rendu, dans une eſpece beaucoup plus rigoureuſe, qui jugea qu'un pere, après avoir conſenti & ſigné le contrat de mariage de ſon fils, dans lequel il lui avoit fait une donation, ne pouvoit révoquer ſon conſentement ni la donation, parce que la Loi ne permet pas, quand on a conſommé ſon droit, de vouloir le faire valoir un autre fois, d'une maniere contraire & préjudiciable, lorſqu'on n'a pas de raiſons utiles & imprévues, pour changer de ſentiment.

Dans le cas dont nous venons de parler, il eſt queſtion d'un pere ; que conclure pour des parents qui ne ſont que collatéraux, qui n'ont aucuns motifs ſolides pour empêcher un mariage, ni pour révoquer le conſentement qu'ils y ont donné ? Seroit-ce à eux qu'une pareille liberté ſera indiſtinctement accordée ? non ſans doute. Cependant, il n'eſt rien de plus commun que le préjugé où ſont non ſeulement les parents directs, mais encore les parents collatéraux, de croire pouvoir rétracter arbitrairement les procurations les plus authentiques, juſqu'à ce que la

(201) Arrêt du 11 Août 1642, rapporté par Bardet, *tom.* 2, *liv.* 9, *chap.* 38.

bénédiction nuptiale soit administrée, quand même ils n'en auroient d'autres raisons qu'une mauvaise volonté & l'impulsion d'un caprice momentané, & l'on ne sçauroit croire combien d'heureux mariages, un préjugé aussi faux, fait manquer tous les jours, parce que la plupart des enfants, ignorant la fausseté de ce préjugé, qu'ils regardent comme une vérité incontestable, n'osent réclamer contre ces révocations arbitraires; mais je viens de désigner les limites où doit s'arrêter un préjugé aussi dangereux. Il faut espérer que les parents seront assez raisonnables pour ne les pas passer, non plus que celles où je leur ai fait voir que leur refus de consentir, & les autres obstacles qu'ils apportent, au mariage de leurs enfants, doivent être fixés.

Après avoir fait connoître avec autant de précision & d'exactitude, qu'il m'a été possible, les véritables bornes de l'autorité des parents, sur les mariages des enfants de famille, & le peu de faveur accordée, au-delà de ces bornes, à une autorité aussi inutile, dans ce cas, au bien public, que gênante pour la nature; je vais prouver que l'inclination, lorsque la Loi & la constitution ne s'y opposent pas, doit être écoutée préférablement à toute autre considération, & mérite une faveur exclusive, puisque sans elle il n'y a point de mariages véritablement heureux.

# CHAPITRE XIII.

*De l'influence de l'inclination sur la félicité du mariage.*

L'EMPIRE de la nature étant antérieur à toutes les institutions sociales, la plus sage, la plus parfaite législation est celle qui ne s'éloigne de la nature qu'autant que la constitution l'exige. On ne peut supposer que nos Législateurs & tous les autres n'aient pas eu ce principe pour premier objet, ou l'on doit croire que s'ils s'en sont écartés, ce n'étoit pas leur intention, parce que, du principe contraire, il ne résulteroit qu'un mal, sans bien ; une contrainte nuisible aux Citoyens, sans utilité pour le Gouvernement.

Toutes fois donc que parmi nous, il n'y a dans une alliance rien de contraire aux principes que nous avons établis dans les Chapitres précédents, la Loi, loin de s'opposer aux mariages d'inclination, y coopere de tout son pouvoir, parce que c'est le vœu de la nature, qu'on ne doit pas éluder inutilement, étant le premier mobile, le mobile universel que le Créateur a mis dans le cœur de tous les hommes, pour les porter à la propagation de leur espece.

La Loi se détermine d'autant plus facilement

à favoriser les mariages d'inclination, lorsque la constitution le permet, qu'outre que c'est le vœu de la nature, c'est encore celui de la religion. Les termes expressifs dont elle se sert (202), pour caractériser l'union intime qui doit attacher deux époux exclusivement, & par préférence à tous les autres objets, qui, d'ailleurs, leur seroient les plus chers, font assez sentir qu'elle exige d'eux, l'affection la plus tendre, pour cette abnégation totale, dont l'indifférence seroit incapable.

D'ailleurs, quoi de plus propre à contribuer à *la sanctification des époux*, que la religion a principalement en vue, que la sympathie qui les lie? Quoi de plus propre à entretenir *le repos de l'Etat*, qui dépend *de la paix & de l'union des familles* qui le composent, que l'union imperturbable qui regne entre des époux assortis par leur goût & la convenance des caracteres.

La religion & le gouvernement sont donc également satisfaits, & leurs vues également remplies, dans les mariages d'inclination, lorsque l'intérêt public ne s'y oppose pas. Cela étant, convient-il bien aux parents de vouloir être plus

---

(202 Relinquet homo patrem & matrem suam & adhærebit uxori suæ, & erunt duo in carne unâ. *Eph.* 5, 31. Viri, diligite uxores vestras, sicut & Christus dilexit Ecclesiam, & se ipsum tradidit pro eâ. *Ibid. v.* 25. Unusquisque uxorem suam, sicut se ipsum, diligat. *Ibid. v.* 33.

séveres & plus cruels que la Loi ? Que deviennent les prétentions outrées de leur orgueil, sur une égalité qui ne leur paroîtra jamais complette ? Que deviennent, à plus forte raison, tous les autres petits motifs, l'anthipatie, l'envie, la vengeance, tous s'évanouissent, tous disparoissent devant la Loi. C'est cependant, avec de pareils motifs, que souvent des parents tiranniques ne craignent pas de rompre les liaisons les plus précieuses à deux jeunes cœurs, que la nature avoit faits l'un pour l'autre, auxquels une longue habitude de se connoître avoit donné une épreuve suffisante de leurs caracteres, & préparoit une union aussi délicieuse qu'elle eût été constante. Hé pourquoi rompre ces liaisons, pourquoi empêcher cette union ? Le Créateur, ne nous a pas fait, dans la sensibilité qu'il nous a donnée, un présent inutile & sans objet: car, pourquoi seroit-elle innée dans nos cœurs ? C'est donc se révolter contre le Créateur même, que de chercher à l'étouffer, lorsque le devoir ne l'exige pas. Il semble que cette sensibilité est un dédommagement accordé à l'homme, pour le consoler des maux dont il est accablé, & vous lui enlevez cette consolation, parents dénaturés, comme si vous vouliez vous venger des chagrins qu'on vous a fait essuyer, dans un lien mal assorti; comme si vous trouviez, vous-mêmes, de la consolation à vous associer un plus grand nombre de malheureux : mais ces malheureux sont vos enfants, ils sont le fruit de vos entrailles...... des entrailles!.... Les hommes cruels en ont-ils? ils sont les bourreaux de leurs enfants. Ils coupent avec le poignard de la tirannie, qu'ils leur plongent dans le cœur, les nœuds qui unissoient l'amant chéri à l'amante adorée..... que dis-je? Ils seroient trop heureux ces infortunés, si ces nœuds étoient brisés: mais ils sont indissolubles; & la maîtresse, dans les bras du mari peu délicat, qu'on l'a forcée de prendre, soupire encore après cet amant trop cher pour être oublié, qui gémit à son tour, dans les bras d'une épouse que le désespoir lui a fait prendre, & dont on a peut-être forcé le cœur au même sacrifice.

Peinture romanesque, s'écrieront les gens qui se piquent d'une force d'esprit & d'une raison meurtriere! Je m'attendois à ce reproche. Nos goûts dépravés nous ont tellement éloignés de la nature, que tout ce qui nous y ramene paroît romanesque; le sacrifice qu'on fait du plus doux penchant aux plus odieux préjugés, a accoûtumé les hommes à le ridiculiser. Hé, qui sont ceux qui paroissent si fort au-dessus de ce qu'ils appellent les foiblesses de la nature? Sont-ce des gens supérieurs à toutes les passions? Rien moins que cela. Ce ſont les eſclaves d'un vil intérêt, d'une ambition démeſurée, ou de quelqu'autres paſſions plus abjectes, d'autant plus condamnables, qu'elles n'ont pas, comme l'Amour, leur ſource dans la nature.

Si les gens ſuperficiels qui ne voient pas de ridicule dans les paſſions les plus folles, en trouvent dans un amour honnête & vertueux, les gens ſenſés & les plus ſolides eſprits ne ſont pas dans le même ſyſtême. Lequel des deux partis doit l'emporter aux yeux de la raiſon? Il n'y a pas à balancer, parce que ce n'eſt pas la quantité, mais la qualité des partiſans, la ſupériorité de leur génie & la ſolidité de leurs raiſonnements, qui doivent décider en cette matiere.

Ce ridicule eſt le plus terrible obſtacle que j'aie à combattre. S'il n'étoit qu'un coup de politique pour prévenir les inclinations déshonorantes, ce préjugé ſeroit ſage, parce qu'il n'auroit qu'un objet utile : mais il a le vice des autres préjugés, celui de s'étendre au-delà de ſes bornes, quoique dans un amour décent il n'y ait aſſurément rien de honteux : car, pour parler le langage du ſage *Charon*, pourquoi *tant honteux*, *puiſque tant naturel.* Au contraire, une inclination bien réglée ne fait qu'honneur au cœur où elle germe, puiſqu'elle y ſuppoſe, de toutes les vertus, la plus utile au genre humain, la ſenſibilité. Il n'y a que des ames délicates qui puiſſent ſentir un amour délicat. Jamais les caracteres durs, les mauvais cœurs ne l'ont connu (203); c'eſt donc l'inſenſibilité qui eſt honteuſe, plutôt que l'amour; car c'eſt ce qui dégrade la nature qui eſt honteux. L'homme inſenſible eſt l'être le plus nuiſible à la ſociété. Il ne connoît d'autre centre de ſes affections, que lui-même. L'amour-propre, ( inné dans tous les hommes ) étant circonſcrit dans ce centre, y déploie toute ſon activité, & y fait germer tous les vices qui peuvent lui être utiles, quelque préjudiciables qu'ils ſoient à tous les autres êtres de ſon eſpece, pour leſquels il eſt indifférent. Voilà le monſtrueux caractere que les parents forment à leurs enfants, en façonnant leur ame à l'inſenſibilité.

Cet état de froideur n'eſt point l'état naturel de l'homme. Les deſirs qui l'agitent & qui croiſſent avec lui, lui en indiquent un autre. S'il les réprime, il contredit la nature, & cette contradiction ſur une paſſion, tourne au profit des autres. S'il ne les reprime pas & que leur objet demeure indéterminé, il ſe livre ſans choix à

---

(203) C'eſt ce qui a fait dire au mot *amour des ſexes*, du Dictionnaire Encyclopédique, » quiconque eſt capable d'aimer eſt vertueux, j'oſerois même dire, que quiconque eſt vertueux eſt auſſi » capable d'aimer. Comme ce ſeroit un vice de conformation pour » le corps d'être inepte à la génération, c'en eſt auſſi un pour l'ame » d'être incapable d'amour.

tous les objets également propres à les satisfaire, & de-là vient le libertinage, qu'il n'évite qu'en fixant ses desirs sur un objet honnête, capable de les épurer & de les diriger vers une fin décente: or, c'est l'amour seul qui peut les fixer. Chercher à le détruire, le combattre par le ridicule, c'est donc faire un très-grand mal à l'homme & un tort réel aux mœurs.

Il faut avouer qu'il se trouve, même parmi les gens à préjugés, des parents qui conviennent de la vérité de ces observations. Ils ne donnent pas une exclusion totale à l'amour, mais ils veulent que leurs enfants commencent par obéir à leurs caprices, & après, l'amour viendra s'il peut. J'ai entendu dire fort décemment à quelques-unes de nos honnêtes femmes, qui se révoltent d'autant plus facilement, contre une passion louable & innocente, qu'elles sont moins scrupuleuses sur les moyens d'en satisfaire qui ne le sont pas, *il faut toujours se marier, lorsqu'on trouve son avantage; l'amour viendra sur l'oreiller.* Femmes de mauvaise foi, vous qui avez été sacrifiées à cette horrible maxime, parlez sincérement! l'amour vous est-il venu sur l'oreiller? vos mœurs prouvent trop le contraire: car si vous aimiez celui, auquel, par des serments, sans doute sacrileges, & que le Ciel n'entendit prononcer qu'avec indignation, vous avez engagé votre foi, violeriez-vous, avec tant d'impudence, la fidélité que vous lui avez jurée aux pieds des Autels ? *L'amour viendra sur l'oreiller* ! ressource bien dangereuse & à laquelle il ne sera plus temps de remédier, *s'il ne vient pas* : mais que cela soit ; quelle confiance auroit-on, quelle délicatesse, quels sentiments supposera-t-on dans des femmes que le physique seul peut rendre sensibles ? Elles trouveront la même raison de sensibilité, dans tous les hommes, & leur amour changera d'objet autant qu'il se trouvera d'hommes entreprenants qui sçauront leur faire goûter les mêmes plaisirs. Pour les femmes délicates, il ne faut pas espérer d'elles cet amour de commande. S'il en est parmi elles quelques-unes, qui, victimes de leur devoir, ne s'en écartent jamais, qui par des caresses & des attentions suivies, que la vertu s'efforce de faire avouer à leur cœur, sçavent faire illusion au public, sur leurs véritables sentiments, tout cela peut-il tenir lieu de l'amour ? Une femme de cette espece n'en sera pas moins malheureuse, d'autant plus malheureuse, que les violences qu'elle se fait seront plus pénibles : car on n'auroit pas la barbarie de la blâmer de ne pas ressentir cet amour. Dans une femme délicate, le cœur ne se commande point ; il ne reçoit de loix que de lui-même. Des peres & meres despotiques disposeront bien de sa main, mais jamais de sa tendresse ; & comme ils auront disposé de sa main, sans son aveu, pourroient-ils lui faire un crime de disposer de son cœur, sans le leur. Je sçais bien qu'ils disent qu'ils ne disposent point de sa main sans son aveu, & qu'elle y consent. Elle y consent ! oui, comme consent à livrer sa bourse un homme désarmé, à qui deux assassins tiennent le pistolet sous la gorge. Sera-ce, après lui avoir fait une Loi de ne pas répliquer à leurs volontés & après lui en avoir prouvé le danger, par les traitements les plus durs, que ces parents insensés doivent compter sur la déclaration sincere de son penchant ? quel fol espoir ! Leurs enfants leur protestent sans cesse, à la vérité, qu'ils n'ont de volonté que la leur, & qu'ils feront tout leur bonheur de s'y soumettre. J'admire, je loue leur condescendance : mais leur soumission doit-elle tourner contre eux ? Doit-on en abuser ? Ce langage est celui des enfants dociles & bien nés : mais est-il toujours bien sincere ? Je ne le crois pas. Suivez, dans tout le cours de sa vie, ce jeune homme, qui, dans le choix d'une épouse, a moins consulté son goût, que celui de ses parents, dans les recherches desquels n'ont entré pour rien la sympathie des cœurs & la convenance des caracteres ; mais les seules considérations d'une naissance & d'une fortune égale ou supérieure à la sienne, ou peut-être même des motifs plus condamnables, suivez, dis-je, ce jeune homme que, malgré les révoltes & les déchirements de son cœur, son obéissance aveugle conduit aux pieds des Autels, & voyez, je vous prie, quels sont les effets de cet engagement sacrilege. Au dégoût, qui y a présidé, succede bientôt une noire mélancolie, à la mélancolie une antipathie ouverte; à l'antipathie, la discorde & tous les troubles qui l'accompagnent. N'est-ce pas là le spectacle aussi affligeant que scandaleux, qui s'offre tous les jours à vos regards?

*Les besoins ne font que s'accroître tous les jours*, dit-on encore, & *l'amour passe. Il faut donc pourvoir à ceux-ci préférablement à celui-là.* Les besoins ne font que s'accroître! Qu'entendez-vous par besoins? est-ce le nécessaire physique? Il n'est point d'homme valide qui ne puisse se le procurer, avec des bras & de la bonne volonté; & cette bonne volonté ne manquera jamais à celui qui s'est marié par inclination. Un coup d'œil jetté sur l'objet de ses affections, sur les fruits attendrissants de son amour, suffit pour la lui inspirer & ranimer ses forces. Si, au contraire, cet homme n'est pas valide & sain, il ne faut pas qu'il se marie du tout; la nature l'avertit, par l'état où elle l'a mis, que le mariage n'eſt pas fait pour lui. D'ailleurs, le ſoin de la ſubſiſtance eſt-il donc inconciliable avec l'amour, & ne choiſit-on l'objet de ſa tendreſſe que dans le centre de la miſere ? Mais, dites-vous, n'eſt-ce que la ſubſiſtance qu'il faut ? non, ſi l'on ne peut obtenir plus, que par le ſacrifice d'une inclination qui ne pourroit être remplacée. Que vous importe, pourvu que vos enfants vivent heureux dans leur médiocrité ? Eſt-ce pour vous qu'ils doivent vivre ou bien pour eux ? Eſt-ce à votre vanité qu'ils ſe doivent ou à leur propre ſatisfaction ? Il vaut mieux ſe paſſer de voitures, de galons, de dentelles, & de tous les autres brillants chiffons du luxe (204), que de ſe rendre pendant toute la vie malheureux, en renonçant à ſon amour, pour la vanité, ſurtout ſi l'on ne peut eſpérer la même ſatisfaction, d'autres objets que de celui auquel on renonceroit; & peu importe que la différence ſoit réelle ou

(204) C'eſt ce malheureux luxe qui ſuſpend ſouvent le conſentement des parents au mariage de leurs enfants, & qui ruine par contrecoup la population. Chaque génération ſe croit en droit de renchérir ſur le luxe de ſa dévanciere. Le moyen de marier une fille à prétentions, mais pauvre, avec ſon égal, qui n'eſt pas plus riche qu'elle ? Il faut donc butter plus haut, ou reſter fille, & c'eſt ce qui arrive le plus ſouvent: car, ſur quoi fondée, prétend-elle plus qu'elle ne donne ? Il ne ſuffit pas d'avoir des prétentions, pour ſe croire en droit de tout obtenir. C'eſt ſe tromper dans ſon calcul, parce que perſonne ne veut être dupe. Si l'on ſe bornoit à la ſimplicité de nos bons aïeux, il en coûteroit moins pour ſe marier. Les mariages ſeroient plus communs, parce que peu de perſonnes ſeroient hors d'état de s'y engager.

imaginaire, pourvu que le bonheur ſoit réel. L'homme n'eſt heureux ou malheureux, que par ſon imagination : mais, dites-vous encore, ce bonheur quel qu'il ſoit, n'eſt pas d'une longue durée; *l'amour paſſe*, il s'enfuit comme l'ombre. *L'amour paſſe!* qu'eſt-ce à dire? L'enthouſiaſme de la paſſion ſe calme par la jouiſſance. J'en conviens : mais ce qui ne paſſera jamais, ce ſont les convenances de goût, d'humeur & de caractere.

Quoiqu'il ſoit vrai que tout amour tire ſon principe des ſens, cependant les ſens n'en ſont pas l'unique lien (205), dans les ames délicates, deſquelles ſeules il eſt queſtion. Les ſens ont bien donné naiſſance à leur goût, voilà le partage de la paſſion. Ce goût, à ſon tour, fait

---

(205) Voici la preuve d'expérience qu'en donne le Dictionnaire Encyclopédique, au mot *Amour*. „ Je vois tous les jours dans le „ monde, qu'un homme environné de femmes auxquelles il n'aura „ jamais parlé, comme à la Meſſe, au Sermon, ne ſe décide pas „ toujours pour celle qui eſt la plus jolie ou qui, même, lui paroît „ telle. Quelle eſt la raiſon de cela? C'eſt que chaque beauté ex- „ prime un caractere tout particulier, & celui qui entre le plus dans „ le nôtre, nous le préférons. C'eſt donc le caractere qui nous dé- „ termine; c'eſt donc l'ame que nous cherchons: on ne peut me nier „ cela. Donc tout ce qui s'offre à nos ſens, ne nous plaît que com- „ me un image de ce qui ſe cache à leur vue : donc nous n'aimons „ les qualités ſenſibles, que comme les organes de notre plaiſir, & „ avec ſubordination aux qualités inſenſibles, dont elles ſont l'ex- „ preſſion. » Donc, qu'il eſt au moins vrai que l'ame eſt ce qui nous touche le plus : or, ce n'eſt pas aux ſens que l'ame eſt agréable, mais à l'eſprit. Ainſi, ſi l'intérêt de l'eſprit devient l'intérêt principal, & ſi celui des ſens lui eſt oppoſé, nous le lui ſacrifierons.

naître une attention plus réflechie, dans les ames d'une pareille trempe, parce qu'il n'y peut subsister sans estime; il s'éteint, si elles ne trouvent rien d'estimable, dans l'objet de leur amour, il se fortifie, si elles y trouvent les raisons d'estime, analogues à leur maniere de penser (206).

C'est d'un pareil amour, fondé sur l'estime, dont j'entends parler, & non de cet enchantement des sens, qu'on nomme si improprement amour, qui peut subsister, même en méprisant la personne qui en est l'objet, non de ce desir fougueux de la jouissance, qui s'éteint bientôt avec elle, lorsqu'il n'est pas soutenu par des liens plus solides, & qui est le germe des inclinations basses & déraisonnables; inclinations, que je suis bien éloigné d'applaudir, & contre lesquelles seules, l'intention de la Loi est de sévir, en armant, contre les enfants, l'autorité de famille.

L'amour, dont il est ici question, n'est donc ni un amour entiérement charnel, ni un amour purement platonique. Le premier peut exister & existe souvent dans la nature, sur-tout parmi les

---

(206) Le malheur est, quand l'amant juge à faux de cette analogie, & quand l'Amour, à force de vouloir de perfections dans son objet, lui en suppose qu'il n'a pas. Cela n'arrive que trop souvent: mais des ames délicates & dont l'éducation aura rectifié le jugement, ne courront point ce risque, & je ne parle, comme je l'ai dit, que de celles-là.

gens grossiers & sans éducation (207). Le second n'existera jamais (208) : mais celui dont je parle, celui dont les sens sont le principe, & que l'éducation & les sentiments purifient, est le plus commun. Il est aussi, je l'avoue, celui qui fait les plus grands ravages ; & quelle en est la cause ? elle n'est pas difficile à découvrir. Comme ce n'est que dans le cœur des gens éduqués, que cet amour peut naître, leurs parents qui sont ordinairement d'un certain rang, étant les plus imbus de préjugés, font tous leurs efforts pour le contredire, & c'est cette contradiction, précisément, qui en augmente la violence & le réduit souvent au désespoir (209). Ce sont les effets, souvent funestes, d'une pareille situation, qui ont fait crier par-tout que l'*amour est dangereux*. L'amour est dangereux, sans doute, parents inhumains, parce que vous le rendez tel, en le sacrifiant, sans ménagements, à votre vanité, à

---

(207) Plus nous nous éloignons de l'état sauvage, plus l'amour est violent, & par conséquent, plus il mérite de ménagements.

(208) C'est le caractere de l'amitié, d'être entiérement indépendante des sens, & l'on ne doit pas confondre l'amour avec l'amitié.

(209) On peut comparer avec raison l'amour à la poudre à canon. Plus elle est comprimée, plus l'explosion en est vive, plus ses effets sont destructeurs. Il en est de même de l'amour : plus la contrainte qu'il éprouve est rigoureuse, plus ses fureurs sont violentes, plus son désespoir est funeste. Telle contrainte qui, modérée par la prudence, n'auroit produit que des chagrins, a été suivie de la mort la plus tragique. Depuis, sur-tout, que les pernicieux sentiments de nos voisins, sur le suicide, ont commencé à prendre faveur en France, les exemples n'en sont que trop fréquents parmi nous.

votre ambition, à vos caprices: mais dès qu'il eſt fondé en raiſon, dès qu'il n'excede point les bornes de la Loi, pourquoi voulez-vous le détruire? Laiſſez lui un libre cours, ne le gênez point (210), cooperez même à ſes vues, en conſommant l'union qu'il a préparée, & vous verrez qu'il n'aura rien de dangereux.

Dira-t-on que ce procédé mettroit les enfants trop à l'aiſe, en les laiſſant ſe livrer ſans frein aux inclinations les plus déſordonnées? L'objec-

(210) Ce ſeroit un ſpectacle aſſez amuſant, pour un homme indifférent, ſi les effets n'en étoient pas toujours déſagréables, de voir les ſoins, les ruſes, les tours, l'eſpionage qu'emploient ſouvent, ſi inutilement, les peres & meres, pour gêner & rompre le commerce innocent de deux amants, dont ils ne veulent pas ſouffrir les entrevues. Qu'ils ſe donnent de peine pour en faire aux autres! Si une mere voit ſa fille à la promenade avec l'amant qu'elle veut la forcer de fuir, tout eſt perdu. Mere ſenſée, ce n'eſt pas à la promenade qu'eſt le danger. Il n'exiſtoit pas: vous allez le faire naître. Qu'arrive-t-il en effet? „ On élude, comme le dit fort ingénieuſement M. *Rouſſeau*, dans ſa Lettre ſur les Spectacles, à M. d'Alambert, „ on élude une tirannie inſupportable, que la nature „ & la raiſon déſavouent. Les tête-à-tête, adroitement concertés, „ prennent la place des aſſemblées publiques: à force de ſe cacher, „ comme ſi l'on étoit coupable, on eſt tenté de le devenir.

Si la fille eſt trop timide pour adoucir, par des rendez-vous la rigueur de la tirannie, l'amour gêné au dehors, n'en fait que plus de progrès dans l'intérieur. Tout ce que gagnent les parents, c'eſt de la forcer à diſſimuler ſon penchant, & de-là réſulte le plus dangereux des vices, la fauſſeté; au moment où ſon cœur eſt dévoré d'un amour irrité par les obſtacles, ſa bouche répete ſans ceſſe, qu'elle déteſte ſon amant. Elle fait tout pour le prouver à ſes parents, au public même, tandis que ſon cœur ſaigne du mal & de la trahiſon qu'elle fait à celui qu'elle adore. On la croit ou l'on feint de la croire; un mari aſſez riche pour l'acheter, ſe préſente; elle n'oſe ſe rétracter; elle eſt vendue, livrée. Elle porte à ſon époux un cœur déchiré par une paſſion furieuſe, rétréci par la douleur, abruti par le déſeſpoir & peut-être préparé à tous les vices,

tion porteroit à faux : car je ne parle ici que d'un amour fondé ſur l'eſtime, & jamais cet amour ne ſera déſordonné. Ce n'eſt que dans de pareilles inclinations que je conſeille les parents de ne les pas contraindre. S'ils ont des ſentiments & de l'éducation, ils ne changeront jamais d'objet, en confondant une inclination déplacée avec une inclination raiſonnable. S'ils les confondoient, ce ſeroit une marque certaine qu'ils n'auroient pas reçu une éducation convenable, & alors ce ſeroit la faute des parents. » Si on ne peut, dit un de » nos plus judicieux Ecrivains (211), & ſi on » ne doit peut-être pas étouffer l'amour dans » le cœur des hommes, que reſte-t-il à faire, » ſinon de le diriger vers une fin honnête ». Or, qui empêche les parents d'inſpirer à leurs enfants des mœurs & de l'élevation dans l'ame, au lieu d'une fierté déplacée, de leur faire preſſentir d'avance toute la honte & tous les malheurs attachés à des inclinations aviliſſantes ? Les enfants ſont ce qu'on veut qu'ils ſoient, lorſqu'on ne néglige rien pour étouffer en eux les germes des inclinations vicieuſes. Si les parents ont le courage d'entreprendre cette tâche, à la vérité, très-pénible : mais qui n'eſt pas inconciliable

(211) M. *d'Alambert*, dans ſa Lettre à M. Rouſſeau de Genêve, ſur l'article *Genêve*, de l'Encyclopédie.

avec leurs autres occupations, s'ils ont ſoin de leur faire connoître leur goût, dans le temps où leurs organes encore tendres & flexibles, n'ont encore reçu aucune impreſſion étrangere, s'ils ont la conſtance de ſuivre leur objet ſans ſe rebuter, je leur en réponds; ils n'ont pas à craindre que leurs enfants faſſent un choix contraire à leurs vues, ni qu'ils tournent leur ſenſibilité ſur des objets dont ils puiſſent être raiſonnablement mécontents.

Mais ſi les parents négligent cette importante précaution, de qui ſe plaindront-ils des égarements d'un jeune cœur abandonné à lui-même? C'eſt d'eux ſeuls qu'ils auront à ſe plaindre: car, comme ils ſont les ſeuls coupables, il n'y en a pas d'autres de blâmables.

*Ne peut-on donc*, ſe récrient les parents, *faire de mariage ſans amour? ne s'en paſſe-t-on pas bien tous les jours?* L'expérience, je l'avoue, ne prouve que trop qu'on peut faire des mariages ſans inclination, & qu'on s'en paſſe bien: & c'eſt-là le malheur: car, quand il s'agit de nous unir à un autre individu, preſque toujours conſtitué différemment du nôtre, de l'avoir toujours avec nous, de ſuivre ſes goûts, ou d'être reduit à la dure néceſſité de les contredire, n'eſt-ce pas là le pas le plus critique que l'homme ait à franchir dans toute ſa vie, & celui qui mérite par conſéquent la plus sérieuse réflexion. N'est-ce donc pas de sa part l'acte le plus prudent & le plus sensé, de préférer à tous les autres, l'individu qu'il trouve le plus analogue au sien ?

De ces mariages, où l'on ne consulte que les convenances de rang & de fortune, sans égard pour les convenances de caractere & la sympathie des cœurs, il ne résulte, de toutes parts, que des maux dont le moindre est l'ennui, qui consume les personnes qui ont assez de vertu pour ne pas chercher leur consolation dans des liens criminels, & n'y eût-il que ce canal, n'en est-ce pas un assez grand que de rendre quelqu'un malheureux, lorsqu'on peut l'empêcher de l'être : mais les effets en sont ordinairement bien plus funestes : car, comme tout amour a les sens pour principe, les contrariétés qu'éprouvent les personnes qui tiennent à d'autres liens, beaucoup plus précieux à leurs cœurs, ne causent pas de moindres ravages dans l'ordre physique que dans l'ordre moral.

Il y a une liaison si intime entre l'ame & le physique des passions, qu'on ne refuse point de satisfaire les unes, sans jetter l'autre dans un abattement destructif du corps qu'elle anime (212).

---

(212) L'homme, dit M. *de Maupertuis*, est dans une mélancolie qui lui rend tout insipide, jusqu'au moment où il trouve la personne qui doit faire son bonheur. *v. Ph. I. Partie, chap. 1.*

De-là ces ſombres chagrins, ces langueurs accablantes, ces anxiétés corroſives qui conduiſent tous les jours tant de malheureuſes victimes de leur devoir, dans un tombeau mille fois moins affreux pour elles, qu'une ſituation trop ſemblable au ſupplice d'un ancien tiran qui faiſoit expirer un corps vivant attaché à un corps mort. De-là, encore, ces dégoûts ſi funeſtes à la population, ces répugnances à ſe livrer à un plaiſir qui n'eſt rien, ſi l'amour ne l'aſſaiſonne; de-là cette foibleſſe, cette débilité dans la conſtitution des enfants.

Et ſi la vertu n'eſt pas aſſez forte, comme il arrive le plus ſouvent, pour réſiſter à l'aſcendant du déſeſpoir & à la révolte des ſens mal ſatisfaits, quels troubles épouvantables dans l'ordre moral! de-là ces infidélités multipliées, ces adulteres monſtrueux, ſource féconde des diviſions *les plus cruelles*, des injuſtices les plus énormes, des jalouſies les plus envenimées, des poiſons, des aſſaſſinats, & de tous les autres maux qui ſont la ſuite de la violation du droit de propriété le plus ſacré (213).

---

(213) On s'eſt ſervi du moyen commode & ordinaire, ſur lequel la raiſon l'emporte rarement, pour effacer tout ce que l'adultere a d'épouvantable, c'eſt de ridiculiſer ceux qui s'en ſcandaliſent, de vouloir le faire paſſer pour une gentilleſſe, & la patience de la partie offenſée, pour l'étiquette du ſçavoir vivre. uſqu'ici cela eſt aſſez conſéquent au plan établi, de faire du mariage, l'accord des conve-

Ces portraits ne ſont point exagerés. Ils ſont la fidele image de toutes les horreurs qui ſe paſſent tous les jours ſous nos yeux. Une expérience trop funeſte & malheureuſement trop commune, nous apprend que, ſi nous voyons tant de mariages ſcandaleux, par le trouble & le déſordre qui y regnent, nous n'en devons point chercher la raiſon ailleurs que dans le dégoût qui y a préſidé, & dans la violence qui en a ſerré les liens.

Ce n'eſt pas tout. On ne doit pas douter que les déſordres particuliers n'entraînent à la fin, par leur multiplicité & leur réunion, un déſordre public. Les diſſentions domeſtiques produiſent un eſprit d'aigreur & de défiance, une ſociété froide & rare, un commerce de politique & de fauſſeté, parmi tous les Citoyens. On ne peut avoir des égards long-temps pour des époux qui n'en ont pas les uns pour les autres, qui ſe

nances & non des volontés, parce qu'à ce moyen les volontés ont la facilité de ſe dédommager à leur tour, avec moins de répugnance : mais ce qu'il y a de plus ſingulier & ce qui eſt de la plus abſurde inconſéquence, c'eſt de ridiculiſer la partie offenſée, ſoit qu'elle s'irrite de l'offenſe, ſoit qu'elle la ſouffre patiemment. Hommes inconcevables, conciliez-vous donc une bonne fois ; ou ne ridiculiſez pas votre ſemblable pour les écarts d'autrui, en punition de ſon peu de vigilance, ou ne le ridiculiſez pas de redouter de pareils écarts & de ſa vigilance à les prévenir. Cette contradiction prouve bien que vous n'êtes pas ſinceres, en affectant d'être inſenſibles ſur l'adultere, & je doute fort que le plus Stoïcien de tous vous, ſur cet article, fût intérieurement auſſi inſenſible qu'il le dit, s'il voyoit ſa femme ou ſa fille, ſuivre ſes commodes leçons.

voient avec une circonſpection glaciale, & s'inquietent peu de l'éducation des fruits malheureux d'une union déteſtée, qui deviennent à leur tour de mauvais Citoyens, ſouvent le fléau de la ſociété & l'horreur de leur patrie.

S'il eſt donc vrai, comme je crois l'avoir démontré, que les déſordres qui regnent dans la plupart des mariages, & conſéquemment dans la ſociété, tirent leur ſource du peu d'égards qu'on a pour l'inclination, & du ſacrifice qu'on en fait au préjugé déréglé de l'égalité de fortune, ou de conditions, ou à d'autres motifs plus condamnables, il faut en conclure que le vrai moyen de remédier à tous ces maux, eſt de conſulter l'inclination, préférablement à toute autre conſidération pour le mariage, lorſque la loi ou la conſtitution n'y répugnent pas. Or, comme nous l'avons vu, l'eſprit de la loi & de la conſtitution eſt de ne preſcrire que l'inégalité extrême ou déshonorante, qui pourroit ébranler les principes & la forme du Gouvernement, & cela, à la vérité, aux dépens même de l'amour le plus violent. Dans l'inégalité déshonorante, les cœurs qu'on déſunit ne ſont pas à plaindre, parce que leur inclination étoit contraire à la raiſon & aux bonnes mœurs, & que c'eſt leur faire un plus grand bien de leur rendre la raiſon & des mœurs pures. Dans l'inégalité extrême de naiſſance, les perſonnes diſtinguées qu'on prive d'une ſatisfaction funeſte au corps politique, ont bien des motifs de conſolation. Ce ſont des victimes dévouées à l'Etat. Leur ſort eſt aſſez beau, leur deſtination aſſez glorieuſe., pour les dédommager abondamment du ſacrifice de leurs inclinations.

Mais, dans l'inégalité modérée, où il n'y a rien de contraire aux loix ni à la conſtitution, ce n'eſt rendre ſervice ni à la raiſon, ni aux mœurs, ni au Gouvernement, que de contredire les inclinations, parce que c'eſt la raiſon elle-même qui les autoriſe, & que c'eſt l'intérêt de l'Etat, dont la ſaine population & la félicité des familles qui le compoſent, forment la ſtabilité, de ſatisfaire ces inclinations.

Que les parents commencent donc par donner une éducation ſolide, & par inſpirer des mœurs à leurs enfants, & qu'ils ceſſent de craindre & de gêner leurs inclinations, dans le choix deſquelles, il eſt preſque impoſſible qu'ils ſe trompent; après ces précautions, qu'ils ceſſent de s'établir Juges des convenances naturelles (214),

(214) Le jugement de ces convenances eſt d'autant mieux de l'unique compétence des enfants, que comme les ſens ſont le principe de l'amour, même le plus pur, les cauſes phyſiques qui déterminent le penchant plutôt pour un objet que pour un autre, n'agiſſent que ſur les enfants & non ſur leurs parents. Je laiſſe à vérifier la vérité de

& qu'ils se bornent à l'être des conventionnelles : mais qu'ils les sacrifient sans ménagement aux premieres, lorsque la loi ne s'y oppose pas, s'il n'est pas possible de trouver un objet qui les concilie au goût de leurs enfants : car, ce ne sont pas les parents qu'il s'agit de marier, ce sont les enfants. C'est donc à eux qu'il importe le plus de ne pas se tromper dans leur choix, & si dès le commencement on a dirigé leur sensibilité vers ce qui est bon & honnête, leur jugement, formé sur ces principes, les guidera plus sûrement, & leur fera appercevoir plus clairement ce qui leur convient, que ne l'apperçevront des yeux étrangers, souvent fascinés par les prestiges de la prévention & de leurs passions particulieres (215). Il est juste que les parents soient consultés. C'est un hommage qui est dû à vous, sur-tout, peres & meres respectables, jusques dans vos erreurs ; vous pouvez même par de tendres sollicitations, engager vos enfants à ne pas former une union qui vous déplaît, lors même que votre antipathie est la plus déraisonnable :

---

cette observation, dans les Naturalistes qui ont parlé du méchanisme de ces causes, dont l'explication m'entraîneroit trop loin.

(215) „ Que ceux qui n'ont jamais aimé, se tiennent pour dit, „ quelque supériorité d'esprit qu'ils aient, qu'il y a une infinité „ d'idées, je dis d'idées justes, auxquelles ils ne peuvent atteindre „ & qui ne sont réservées qu'au sentiment. » *Considérations sur les mœurs de M. Duclos, chap. 14, pag. 345, édit. de 1764.*

mais, ſi par malheur, le choix qu'on ſoumet à votre approbation & que vous n'en jugez pas digne, ne peut, par les voies de douceur, être changé, malgré tous vos efforts & votre perſévérance, c'eſt un ſigne certain que ce changement ne ſeroit poſſible qu'en entraînant avec lui le malheur de vos enfants, & alors, ſi les ſentiments que vous a donnés la nature, en vous rendant peres, ne ſont pas entiérement étouffés, vous ne pouvez exiger à ce prix le ſacrifice de leur goût, après la facilité que vous avez eue de le diriger, lorſqu'il n'étoit pas encore fixé. Le tribut d'amour & de reſpect qu'ils vous doivent, eſt acquitté par l'hommage qu'ils vous ont rendu, & cet hommage ne vous donne pas droit de briſer des nœuds dont la rupture rendroit vos enfants malheureux, lorſque la loi ou l'intérêt public n'en exigent pas la diſſolution. Vous ne pouvez même priver vos enfants de vos biens, dans ce cas, ſans injuſtice & ſans inhumanité, & ſi vous abuſez de la ſtricte diſpoſition de la loi qui, je le ſçais, eſt contraire à l'indulgence que je cherche à vous inſpirer ſur cette partie, vous agiſſez contre l'intention primitive du Légiſlateur, qui, en vous armant d'une autorité arbitraire, ne l'a fait que dans la confiance que vous n'en feriez pas un mauvais uſage, & que vous ne l'emploieriez point à déſunir & ruiner de jeunes amants, dans l'âge même où il enchaîne abſolument leur liberté, à moins que leur union ne fût déshonorante ou extrêmement inégale.

C'eſt-là, n'en doutez pas, le véritable eſprit de la Loi. Elle n'a jamais pu vouloir autoriſer des injuſtices, & vous en commettez toutes les fois que vous n'avez d'autres raiſons qu'une folle vanité, qu'une ambition déréglée, qu'une antipathie criminelle, ou tout autre caprice, pour empêcher ou rompre le mariage de vos enfants, & les priver de vos biens après qu'ils l'ont ſoumis à votre approbation, quoique vous la leur ayez refuſée. Cela eſt ſi vrai, qu'outre que le bon ſens ſuffit ſeul pour les prouver, les Magiſtrats ont ſouvent permis à des mineurs mêmes de ſe marier ſans le conſentement de leurs parents, lorſque leur refus ne paroiſſoit pas fondé ſur des motifs ſolides & établis par la loi, ou la conſtitution du gouvernement. Parents injuſtes, vos enfants auront toujours, dans le même cas, la reſſource de recourir aux Magiſtrats qui peuvent autoriſer leur mariage, ſi la raiſon ne peut vaincre votre obſtination. C'eſt ce qui me reſte à prouver.

# CHAPITRE XIV.

## *Du Recours au Magistrat.*

DANS tous les Gouvernements modérés (216), les Législateurs ont dû, comme je l'ai observé ci-devant, porter leur attention à réprimer l'autorité domestique, à mesure qu'une législation suffisante la suppléoit, & il paroît qu'ils ont eu cette intention, même en France, quoiqu'ils ne s'en soient pas expliqués d'une maniere assez positive.

En confiant aux parents le dépôt sacré des mineurs, les Législateurs les ont supposés premiérement capables de se conduire eux-mêmes, selon les vues de la loi; secondement, en cas

(216) On ne voit pas pourquoi M. *de Montesquieu*, dans son Esprit des Loix, *liv. 23*, *chap. 7*, ne veut admettre le recours au Magistrat, que dans les petites Républiques. La raison qu'il en donne est, que l'amour du bien public y peut être tel, qu'il égale ou surpasse tout autre amour. Ce qu'il appelle ici l'amour du bien public, ne peut s'entendre que de l'intérêt de la population. Or, peut-on dire qu'elle ne soit pas aussi intéressante dans les Monarchies que dans les Républiques, & pourquoi la prudence des peres, qui, dans les institutions dont il veut exclure cette ressource, sera, dit-il, toujours au-dessus de toute autre prudence, seroit-elle moins attentive dans les Républiques que dans les Monarchies. Ces raisons ne me paroissent pas d'une grande solidité, pour accorder à un Gouvernement plutôt qu'à l'autre le recours au Magistrat, qui me semble nécessaire dans tous les Gouvernements où la liberté de l'homme est considérée pour quelque chose, lorsqu'il s'y trouve des parents déraisonnables.

qu'ils abuseroient du pouvoir qui leur est confié ; ils ont établi des Superviseurs, pour ratifier ou réprouver ce qu'ils feroient d'avantageux ou de désavantageux à de jeunes citoyens précieux à l'État, & destinés à réparer ses pertes. Ces Superviseurs sont les Magistrats (217) ; ils dirigeoient les mariages à Lacédémone. A Rome, lorsque les parents étoient réfractaires, les Magistrats pouvoient, malgré eux, autoriser (218) les enfants à se marier, & forcer même les parents à les doter (219). Les Loix Romaines prescrivoient même aux Juges de suivre l'inclination de la personne qui vouloit se marier, lorsque le parti étoit sortable, suivant la constitution de l'État (220), malgré l'étendue d'autorité

(117) Les mêmes Loix, dit *Basnage*, sur l'article 369 de la Coutume de Normandie, qui ont si équitablement défendu, que les peres ne puissent forcer leurs enfants pour le mariage, ont aussi sagement ordonné que les peres ne puissent pas, par caprice ou par haine, refuser leur consentement, lorsqu'ils en sont requis par leurs enfants. En ce cas, ils peuvent implorer le secours & l'autorité du Magistrat, qui est le pere commun des uns & des autres.

(218) Cùm de nuptiis puellæ quæritur, nec inter tutorem & matrem & propinquos, de eligendo futuro marito convenit, arbitrium Præsidis Provinciæ necessarium est. *L.* 1, *Cod. de nupt. v. l.* 19, *ff. de ritu nuptiarum.*

(219) Coguntur in matrimonium collocare & dotare. *L.* 19, *ff. de ritu nuptiarum.*

(220) Ut si pares sint genere ac moribus competitores, is potior existimetur quem sibi consulens mulier approbaverit. *L.* 18, *Cod. de nupt.* De même, par le Droit Canonique, comme l'observe *Basnage*, sur l'article 369 de la Coutume de Normandie, » les enfants, sans distinction de sexe, ne peuvent être forcés par leurs parents, d'accepter un parti qui ne leur agrée pas. Ce qui est très-raisonnable : car les cœurs ne peuvent être forcés, & l'empire des peres

rité qu'elles avoient donnée aux parents, sur les enfants de famille. Différentes constitutions ont adopté ces dispositions tempérées du Droit Romain (221), sur le recours qu'ont les enfants au Magistrat, lorsque leurs parents contredisent, sans raison, leur goût, parce que l'intérêt de la population l'exige.

Telle est aussi l'intention des Ordonnances de nos Rois (222), quoiqu'elles ne l'expriment pas, parce qu'elles ne pourroient, sans injustice, avoir une intention contraire. MM. les Avocats-Généraux ont toujours soutenu le principe du recours au Magistrat, contre les peres & meres

» ne s'étend pas sur l'esprit, & l'on ne peut espérer de voir de » l'amour conjugal & de l'union entre des personnes qui sont liées » ensemble contre leur volonté.

(221) » Lorsque les enfants, est-il dit dans le Code Frédéric, » *part 1, liv. 2, tit. 2, §. 21 & 22*, voudront se marier avec des » personnes sur lesquelles ils auront jetté les yeux, & qu'ils s'adresseront à leurs parents pour en obtenir l'agrément, ceux-ci ne s'y » opposeront pas, à moins qu'ils n'en aient de bonnes raisons. *Le* » *manque de biens, ni l'inégalité de conditions & de la naissance* » *ne seront pas simplement par eux-mêmes des raisons suffisantes,* » *pour refuser le consentement*, à moins qu'elles ne soient soutenues » par d'autres raisons plus importantes..... Au cas que les parents » persistent à s'opposer au mariage de leurs enfants, ceux-ci s'adresseront à nos Cours de Justice, lesquelles, après avoir tenté » inutilement la voie d'accommodement entre les Parties, prononceront sur leurs différents, &, selon les circonstances, suppléeront d'Office au consentement des parents, & permettront » aux enfants d'accomplir le mariage.

(222) Outre que l'équité fait présumer cette intention dans nos Ordonnances, c'est que leur silence est suppléé par la Déclaration du Roi, du 8 Mars 1704, pour la partie de la Flandre Française, rapportée dans le recueil d'Edits, imprimé chez Saugrain, en 1712, par ordre de M. le Chancelier de Pont-Chartrain. Elle porte, en termes exprès, que „ ni les Ordonnances des Rois d'Espagne,

même (223). Ce qui, à plus forte raison, a lieu contre les parents plus éloignés.

Les Arrêts des différents Parlements du

---

„ ni celles des Rois de France, n'excluent les Juges de connoître „ des oppositions ou refus des peres & meres, tuteurs ou curateurs, „ pour le mariage des mineurs.

(223) Je me bornerai à citer un exemple qui ne paroîtra peut-être encore que trop long : mais ce principe y est si bien établi, qu'il n'est pas possible de se réduire à une plus courte analyse : je le prends dans le Plaidoyer d'un de nos plus sçavants Avocat Généraux, M. *d'Aguesseau*, qui porta la parole lors de l'Arrêt du 17 Janvier 1722, rapporté au Journal des Audiences, *tom.* 7, *liv.* 5, *chap.* 2. Citer l'autorité de cet illustre Avocat Général, c'est citer tous les autres. Quoique ce fût sur une appellation d'Arras, où la Déclaration du Roi, du 8 Mars 1704, permet expressément le recours au Magistrat : cependant, les principes établis par M. *d'Aguesseau*, dans la cause de Barbe-Thérese Viard, qui vouloit se marier contre le gré de sa mere, ne nous sont point étrangers, & doivent faire autorité en France comme en Flandre, puisque la Déclaration de 1704 dit positivement, que „ les Ordonnances des Rois de France, n'excluent pas les Juges de connoître des oppositions des parents au „ mariage de leurs enfants.

„ Quelque grande que soit, dit M. *d'Aguesseau*, l'autorité des „ parents, elle a cependant une autorité supérieure dans la société, „ & si les parents sont les premiers juges, leur jugement est tou„ jours soumis à celui des Magistrats. Nous naissons à la Patrie en„ core plus qu'à nos parents, & les liens qui nous attachent à eux „ ne peuvent être assez forts pour nous faire oublier ceux qui „ nous unissent au corps entier de la société. C'est par conséquent „ à ceux entre les mains desquels on a remis le dépôt sacré de l'au„ torité publique, à examiner les différents qui s'élevent entre les „ peres & les enfants, comme ceux qui s'élevent entre les autres „ citoyens, & s'ils doivent apprendre aux enfants à respecter ceux „ dont ils ont reçu le bienfait de la vie, ils doivent aussi écouter „ leurs justes plaintes, & ne pas abandonner des membres de la Pa„ trie aux caprices & aux passions injustes d'un particulier.

„ Les Juges y sont encore plus obligés, lorsque les enfants sont „ mineurs. Ils sont alors sous la protection de la Justice, d'une ma„ niere plus particuliere, & c'est aux Juges à examiner dans toutes „ les occasions ce qui est de leur utilité, *quid utilius minori*.

„ Mais, lorsqu'il s'agit de leur établissement, il semble que l'au„ torité des Magistrats soit encore plus grande que dans les autres „ contestations qui peuvent intéresser les mineurs, parce que les „ mariages sont de droit public, & que comme ils sont le séminaire „ des états, la source & l'origine de la société civile, il est important

Royaume s'y conforment avec une uniformité si constante, qu'on en a fait une maxime dans les Loix Ecclésiastiques, *partie 3, chap. 5, art. 2, nom. 74.* » Il y a des cas, dit M. *d'He-*

---

„ à la société en général, que des mariages avantageux ne soient „ pas arrêtés par des oppositions téméraires.

„ Les principes du Droit Français sont bien différents de ceux du „ Droit Romain (qui regardoit les enfants comme une partie de la „ propriété du maître.) Dans le Droit Français, le consentement „ du pere est nécessaire, non parce qu'il a la puissance paternelle, „ mais, parce qu'il est pere, & le consentement de la mere n'est „ pas moins nécessaire que celui du pere, parce que le nom de mere „ n'est pas moins respectable que celui de pere, pour ceux à qui „ elle a donné la vie.

„ Ainsi, quand le pere & la mere vivent encore, quand leurs „ volontés concourent au même objet, il semble qu'il soit presque „ impossible de s'élever contre ces deux autorités réunies, & ce- „ pendant il pourroit se trouver des circonstances assez considéra- „ bles, pour donner lieu à des Juges éclairés, de préférer le sen- „ timent de la famille à celui d'un pere & d'une mere également „ prévenus & également injustes à l'égard de leurs enfants.

„ Mais lorsque l'un d'eux est mort, le sentiment de la famille de- „ vient d'un poids beaucoup plus considérable, parce que, si le sur- „ vivant conserve toute son autorité, celle qui résidoit en la per- „ sonne du prédécédé, ne se réunit pas en lui par un espece d'ac- „ croissement, mais passe à la famille de celui qui n'est plus.

Enfin, M. *d'Aguesseau* conclut de toutes les raisons établies dans son discours, que j'ai beaucoup abrégé, que » l'on devoit „ consulter la famille, dans ce cas où la mere seule opposoit son „ autorité, parce que la foiblesse de son sexe ne permettoit pas „ de s'arrêter uniquement à son jugement; qu'il faudroit consul- „ ter la famille, quand même l'opposition seroit formée par le „ pere, parce que, suivant les principes du Droit Français, il „ n'est pas seul le maître de la personnne de ses enfants, ni seul „ arbitre de leur sort; que l'on pourroit même consulter la fa- „ mille, dans un Pays où il auroit sur eux un empire absolu, „ parce que son autorité particuliere & domestique seroit toujours „ soumise à l'autorité publique, résidente dans la personne des „ Magistrats, parce que, lorsqu'il s'agit d'une matiere aussi impor- „ tante pour la conservation & pour l'ordre de la société, les „ Juges ne sont pas obligés de s'en rapporter, sans examen, à „ son jugement, suivant les Loix naturelles & positives, suivant „ les maximes du Droit des gens, les Loix Romaines & les prin- „ cipes du Droit Français.

» *ricourt*, dans lesquels les Cours souveraines, » ayant reconnu un refus injuste de la part » des peres ou des meres, ont permis aux en- » fants de contracter des mariages que le reste » de la famille trouvoit avantageux.

Les différents Arrêts que je vais rapporter, quoique les especes n'en soient pas entiérement semblables, comme ordinairement cela arrive dans les décisions particulieres, se réunissent tous dans un point, qui est de passer outre au décret du mariage des enfants de famille, malgré les oppositions des parents, lorsqu'elles ne sont pas fondées sur des raisons solides & conformes à la Loi.

Lorsque le pere refuse injustement son consentement au mariage de son enfant mineur, quelquefois, & c'est la meilleure regle, on ordonne que le pere sera appellé, pour le donner, ou déduire ses moyens de refus.

Tel est l'Arrêt du Parlement de Paris (224), qui confirma une Sentence appellée, laquelle avoit ordonné que, nonobstant l'opposition du pere, il seroit passé outre au mariage de sa fille mineure, le pere appellé pour y prêter consentement, si bon lui semble. Notez que le pere l'avoit d'abord agréé, qu'il y avoit des preuves

---

(224) Arrêt du 28 Novembre 1606, rapporté au chapitre 67 des Plaidoyers de M^e^. *Jacques Corbin.*

de ſon inconduite, & de ſa crainte de rendre compte.

Si le pere perſiſte, ſans raiſon, dans ſon refus, alors le Magiſtrat peut, d'après ſes propres connoiſſances, permettre le mariage, ſans demander même le ſentiment de la famille; ainſi, le Parlement de Tournay (225) confirma le mariage d'une fille qui s'étoit mariée à Lille ſans le conſentement de ſon pere; parce que, ſur ſon refus déraiſonnable, elle s'étoit fait autoriſer à contracter mariage par le Magiſtrat. Il faut remarquer que les raiſons de refus n'étoient pas effectivement admiſſibles, comme on le voit dans *Brodeau* ſur Louet, *verbo* Mariage, *ſom. 6*, *nom. 79*, où il rapporte le même Arrêt, d'après M. *Pinault*. Le pere n'avoit aucun moyen d'oppoſition, & ſe contentoit de dire qu'il ne pouvoit conſentir à ce mariage, ſans vouloir s'expliquer davantage.

*Baſnage*, ſur l'article 369 de la Coutume de Normandie, rapporte un Arrêt (226), qui débouta les parents de leur oppoſition au mariage de Jean Bazire, âgé de vingt-deux ans & demi,

(225) Arrêt du 9 Décembre 1695, rapporté par M. *Pinault*, *tom. 1*, *Arrêt 83*. Quoique cet Arrêt ſoit pour la Flandre Françaiſe, il doit faire autorité parmi nous, par la raiſon que l'intention de nos Rois, manifeſtée par la Déclaration du Roi, du 8 Mars 1704, eſt de laiſſer en France la même autorité aux Juges, ſur les mariages qu'ils ont dans l'uſage de Flandre.

(226) Arrêt du Parlement de Rouen, du 27 Novembre 1659.

comme n'étant fondée fur aucune caufe qui fût importante. Il en rapporte encore plufieurs autres qui, nonobftant l'oppofition des peres & meres même, ont permis le mariage.

Mais, dans ces cas, on voit le plus communément qu'on ordonne l'affemblée & délibération des autres parents. La prudence & les égards dus à une famille, autorifent cette fage précaution. En voici quelques exemples.

Le Parlement de Paris (227) permit à la mere du fieur de la Chefnaye, fils, Gentilhomme de Poitou, de le marier, nonobftant l'oppofition du pere, fur la délibération des parents & de la mere, que la Cour homologua, même de marier fa fille, en cas qu'elle trouvât un parti fortable. On avoit obfervé, dans la caufe, que le fieur de la Chefnaye, pere, avoit perdu fon bien par fa mauvaife conduite; qu'il avoit été fommé & requis de confentir au mariage, & que ne pouvant plus rien donner à fon fils, il ne devoit pas au moins empêcher fon mariage.

Le même Parlement (228) ordonna l'affem-

(227) Arrêt du 5 Septembre 1684, rapporté au Journal des Audiences, *tom. 3*, *liv. 10*, *chap. 36*.

(228) Arrêt du 21 Mars 1712, rapporté au Journal des Audiences, *tom. 6*, *liv. 2*, *chap. 16*. Avant cet Arrêt, le Parlement avoit permis à la fille mineure de 19 ou 20 ans, de faire à fon pere les fommations refpectueufes. Ce qu'elle avoit fait & ce qui devroit être toujours permis en pareil cas, pour empêcher les

blée de parents, pour le mariage d'une fille mineure, contre la volonté de son pere, attendu la mauvaise conduite de ce pere, le suffrage de la mere & de partie de la famille.

Par l'Arrêt (229), lors duquel M. l'Avocat-Général *d'Aguesseau* donna les conclusions dont j'ai ci-devant rapporté la substance; le Parlement de Paris jugea encore, en point de droit, conformément aux conclusions, que les Juges, en connoissance de cause, peuvent permettre à une fille mineure de se marier sur un avis de parents, malgré l'opposition du survivant de ses pere & mere, en permettant à Barbe-Thérese Viard, fille mineure, d'épouser Jean-Baptiste Blondel, contre le vœu de la veuve Viard sa mere, qui vouloit enrichir son fils aux dépens de ses filles, dont l'aînée avoit manqué de se marier par ce motif.

---

exhérédations qui ne devroient pas avoir lieu après cette précaution : car, comme l'observa M. l'Avocat général, *Guillaume-François Joly de Fleury*, qui porta la parole lors de cet Arrêt „ les „ Ordonnances, en permettant les exhérédations, exceptent le cas „ des sommations respectueuses. Il ajouta, que les Loix sont „ générales, qu'elles portent des défenses aux mineurs, de se „ marier sans le consentement de leurs peres & meres, & défenses „ aux Curés de les marier sans ce consentement : mais qu'elles „ ne font point défenses aux Juges d'en donner la permission; „ qu'en effet, il étoit difficile de concevoir que la Loi pût favoriser l'autorité paternelle, en faveur d'un pere qui en abuseroit : car la Loi, qui n'a principalement en vue que l'intérêt du „ mineur, pourroit-elle donner du secours à un pere qui voudroit, par humeur, par haine, par vengence, s'opposer au véritable intérêt de son enfant mineur?

(229) Arrêt du 17 Janvier 1722.

S'il y a partage d'avis, entre les parents assemblés, ce défaut d'unanimité n'empêche pas les Magistrats de permettre le mariage, soit à la pluralité des voix, qui ne les abstreint pas, soit par la considération du plus de solidité qu'ils trouvent dans l'un des deux partis.

Ainsi, l'Arrêt de Merel (230), noté par *Hevin*, sur l'article 496 de la Coutume de Bretagne, n'eut point égard aux motifs de l'appel interjetté par quelques parents, fondés sur ce que plusieurs parents de la fille n'avoient pas consenti; sur ce que Merel n'avoit pas la même fortune qu'elle, & qu'ayant été estropié du bras droit, dans une querelle, il faisoit redouter l'incapacité de pourvoir à la subsistance de sa famille. Un autre motif secret des parents étoit la crainte de rendre compte; crainte qui n'est que trop souvent le mobile de leurs oppositions. Cet Arrêt permit à Merel de passer outre au mariage qu'il se proposoit avec la mineure Labbé, après que la Cour eut été informée, par cette mineure présente à l'Audience, qu'elle n'avoit point été séduite.

Par autre Arrêt (231), le Parlement de Paris permit le mariage d'une mineure, d'après le consentement de la mere, & d'une partie des parents

(230) Arrêt du Parlement de Bretagne, du 20 Mai 1647.

(231) Arrêt du 7 Juillet 1689, rapporté au Journal des Audiences, *tom. 4, liv. 4, chap. 25.*

de la fille, malgré l'opposition des autres & de l'aïeule paternelle.

Le même Parlement jugea (232) en point de droit, sur les conclusions de M. l'Avocat Général, *Joseph-Omer Joly de Fleury*, que, quand les parents d'un mineur, assemblés par autorité de Justice, ne s'accordent pas pour aviser sur son mariage proposé, les Juges doivent faire la fonction de parents, & suppléer, à leur défaut, pour ou contre le mariage.

Nous avons beaucoup d'autres Arrêts qui justifient le droit qu'ont les enfants de famille de recourir au Magistrat, & que ceux-ci ont de leur permettre de se marier, lorsque le refus ou l'opposition des parents ne sont fondés ni sur la Loi, ni sur la constitution du Gouvernement; mais il suffit d'avoir rapporté ceux que nous venons de citer.

L'indulgence de ces Loix est fondée sur ce que les enfants ne doivent pas être la victime d'un refus injuste, après s'être acquittés de leur devoir, qui consiste seulement à *requérir* un consentement qu'il ne dépend pas d'eux d'*obtenir*, & à l'obtention duquel ils ne pourroient conséquemment être assujettis sans injustice.

---

(232) Arrêt du 26 Novembre 1701, rapporté au Journal des Audiences, *tom. 5, liv. 1, chap. 47*

Il eſt vrai qu'il y a des Coutumes (233) qui ordonnent que, le pere étant décédé, les mineurs de 25 ans, voulant contracter mariage, ſeront tenus de *requérir* & *avoir* le conſentement de la mere, tuteur & proches parents, avec l'autorité de Juſtice; mais, comme l'obſerve judicieuſement M. d'*Argentré*, dans ſon Aitiologie ſur ces mots *Requérir* & *Avoir*, cela ne peut pas toujours ſe faire; c'eſt-à-dire, on ne peut pas toujours *avoir*, quoiqu'on puiſſe & qu'on doive (234) toujours *requérir* le conſentement. C'eſt pourquoi il dit que c'eſt le Juge alors qui en décide; ce qui fait bien voir que le droit de recours au Magiſtrat a toujours été admis parmi nous, quoiqu'il fût inexprimé & ſous-entendu dans nos Loix.

On doit donc penſer que toutes les peines canoniques & civiles touchant le rapt, la caſſation du mariage, & l'exhérédation (235), prononcées

---

(233) Article 496 de la Coutume de Bretagne, ſur lequel M. d'*Argentré*, dit *requérir* & *avoir*; *iſtud quidem non ſemper fieri poteſt, ſed hoc caſu judicantis arbitrium eſt.*

(234) „ Pour ce qui eſt du pouvoir moral, dit *Grotius*, il ſe „ préſente ici une queſtion au ſujet du conſentement des parents, „ que quelques-uns croient en quelque façon néceſſaire de droit „ naturel pour la validité d'un mariage : mais ils ſe trompent; les „ raiſons qu'ils alléguent ne prouvent autre choſe, ſi ce n'eſt qu'il „ eſt du devoir des enfants de tâcher d'*obtenir* le conſentement de „ leurs peres & meres, & j'en tombe d'accord avec cette reſ- „ triction, que la volonté des peres & meres ne ſoit pas manifeſte- „ ment déraiſonnable. „ *Du Droit de la Guerre & de la Paix, liv.* „ *cha* 5, §. 10, *nom.* 3 & 4.

(235) Cela doit être ainſi pour l'exhérédation comme pour les

contre les enfants de famille qui se marient sans le consentement de leurs parents, ne portent que sur l'omission de *requérir* ce consentement : car, rien ne pouvant empêcher de remplir un devoir prescrit par les Loix civiles & religieuses, & sollicité par l'amour & le respect qui sont dus aux parents, de droit naturel ; rien aussi ne peut excuser les enfants coupables d'une omission aussi grave & aussi criminelle ; mais ces Loix ne pourroient, sans injustice, porter sur l'omission d'avoir ce consentement, puisqu'il ne dépend pas des enfants de l'obtenir, à moins qu'elle ne fût jointe à l'omission de quelques formalités prescrites par l'Eglise & l'Etat, ou à l'omission de recourir au

---

autres peines, quoiqu'il y ait des Arrêts tels que celui du 12 Mai 1710, ci-devant cité, qui décident que la permission de se marier, accordée à l'enfant par le Magistrat, n'ôte pas le pouvoir au pere d'exhéréder, parce que, si cette loi rigoureuse est fondée sur le principe que *nemo potest dicere legem rei alienæ*, & sur le droit qu'a le pere, de ne donner à ses enfants, part à sa succession, qu'à proportion, comme le dit M. *Rousseau*, qu'ils auront bien mérité de lui, par une continuelle déférence à sa volonté ; cela devroit être borné comme chez les Romains, qui étoient forcés de marier & même de doter leurs enfants, au cas où le refus du pere seroit raisonnable, (ce qui ne peut se présumer, après la permission du Magistrat de passer outre, malgré son refus) parce que l'intérêt public qui exige que chaque citoyen ait sa contingente portion de subsistance, non seulement pour lui, mais encore pour les autres citoyens, qu'on lui permet, en se mariant, de donner à l'Etat, doit être préféré à l'intérêt subordonné d'un pere, dont on ne doit pas soutenir l'autorité, jusques dans les cas où le Magistrat l'a jugé déraisonnable, dans son refus de consentir. Il seroit beaucoup plus juste de permettre aux enfants, même mineurs, de faire des sommations respectueuses, lorsque leur choix seroit conforme à la Loi, comme nous avons vu que le fit le Parlement de Paris, pour une mineure de 19 à 20 ans, & de donner à ces sommations l'effet d'empêcher l'exhérédation.

Magiſtrat, ou au refus de décret de la part du Magiſtrat même ; car alors les enfants ſeroient également coupables d'avoir négligé une reſſource auſſi ſûre contre l'obſtination de leurs parents, ou d'avoir violé les défenſes du Magiſtrat, dépoſitaire de l'autorité du Gouvernement, que de n'avoir pas requis le conſentement de leurs parents.

Il eſt donc évident que le ſanctuaire de la Juſtice eſt ouvert aux enfants de famille, toutes les fois que leurs parents s'oppoſent à leur mariage, ſans en avoir aucuns motifs ſolides, admis par la Loi ou la Conſtitution, après avoir été requis d'y donner leur conſentement, & que les parents ne ſont pas, conſéquemment, les ſeuls Juges de leurs fantaiſies & de leurs caprices, comme ils ſe l'imaginent.

# CHAPITRE XV.

## *CONCLUSION.*

TOUT ce que j'ai dit dans le cours de ce Traité, tend à démontrer la certitude de ce petit nombre de vérités.

1°. Que le consentement des parents, au mariage des enfants de famille, n'étant nécessaire ni dans l'état de nature, ni dans l'état d'une société même, dont les Loix ou la Constitution ne l'exigeroient pas, la nécessité de ce consentement, pour la validité du mariage, est uniquement fondée sur la volonté des Législateurs.

2°. Que du principe, que la nécessité de ce consentement n'est fondée que sur la volonté des Législateurs, manifestée soit dans les Loix expresses, soit dans la forme de la Constitution, il s'ensuit que cette nécessité doit être circonscrite dans les bornes que les Loix ou la Constitution y mettent, parce que tout ce qui gêne la nature ne doit pas recevoir d'extension.

3°. Qu'en France l'intention du Législateur, manifestée dans les Loix ou dans la nature de la Constitution, étant que l'inégalité absolue & déshonorante puisse seule mettre obstacle aux mariages des enfants de famille, il s'ensuit que l'inégalité modérée de fortune ou de conditions, & les autres motifs subalternes, la haine, l'ambition, les prédilections déraisonnables, & toutes les especes de caprices, ne sont pas des raisons suffisantes pour les empêcher, & pour refuser le consentement, ni le rétracter lorsqu'il est donné.

4°. Que les motifs & les craintes du Législateur cessant, l'inclination des cœurs doit être préférée aux orgueilleuses & déraisonnables prétentions des parents.

5°. Que, si l'intention du Législateur, & la faveur que mérite l'inclination, lorsque la Loi ou la Constitution ne s'y opposent pas, ne sont pas capables de réduire les parents à la raison, les enfants, après avoir observé les autres formalités prescrites par les Loix civiles & ecclésiastiques, ont la faculté de recourir au Magistrat, qui peut leur permettre de contracter mariage, malgré le refus de consentement de leurs parents, parce que le devoir des enfants se réduit seulement à l'obligation de le requérir; que c'est en cette requisition seule que consistent les droits des parents, & que c'est contre l'omission de s'acquitter d'un devoir aussi essentiel que sévissent les Loix, & non contre le défaut d'obtention de ce consentement, si ce n'est dans le cas d'une inégalité absolue ou déshonorante, ou lorsqu'il est joint au défaut de formalités établies par l'Eglise & par l'Etat, ou au défaut de recours au Magiſtrat, ou au défaut d'autoriſation, de la part du Magiſtrat même.

Je ne doute point que ces principes ne choquent bien des préjugés reçus ; mais les principes ſont vrais, & les préjugés ſont faux : lequel doit prévaloir, de la vérité ou de l'erreur ? Pourroit-ce être un problême parmi des êtres raiſonnables ? Pourroit-ce être un problême dans un ſiecle philoſophe, & qui, à ce titre, doit ſoumettre à l'empire de la raiſon celui de la prévention, quoi qu'il en coûte à l'amour-propre ? Non ſans doute.

Abandonnons donc des préjugés trompeurs, funeſtes à la population & à la félicité pour laquelle l'homme eſt deſtiné, par la nature qui le fait naître libre & ſenſible, & attachons-nous à des principes vrais, utiles à la propagation & au bonheur du genre humain.

Mais, pour accélérer une révolution auſſi importante, il feroit beſoin du ſceau de l'autorité, & que l'on fît une Ordonnance, où toutes les Loix en vigueur, ſur le mariage des enfants de famille ; où les peines & les reſtrictions établies par les Ordonnances précédentes, par les Canons, & par la Juriſprudence des Arrêts, fuſſent raſſemblées avec méthode & ſans équivoque ; où les degrés d'inégalité, & tous les motifs raiſonnables d'empêcher un mariage, fuſſent établis avec précision ; où les ressources fussent indiquées aux enfants de famille, contre les injustices de leurs parents ; où les enfants de famille fussent encouragés à s'en servir, sans s'écarter de la décence ; où il fût enjoint même aux Magistrats des lieux de rechercher ceux que la timidité & une fausse honte empêcheroient de se plaindre de leurs chaînes, & de chercher à les briser ; de les autoriser à se marier, lorsque le refus de leurs parents seroit mal fondé, & même de les doter sur les biens de leurs parents, auxquels le droit cruel d'exhérédation, dont ils ont joui même dans les cas les plus déraisonnables, & la liberté de marquer, par les traitements les plus durs, un ressentiment injuste des mariages permis, contre leur gré, par le Magistrat, fussent ôtés sans ménagement ; où enfin les droits respectifs des parents & des enfants de famille fussent fixés circonstanciellement, relativement à notre constitution actuelle.

Si mon Traité pouvoit non-seulement ramener les parents à la raison, mais encore procurer le double avantage d'une Loi qui les astreindroit à ne pas s'en écarter, j'oserois espérer que nous verrions, dans la suite, la nature moins outragée ; que nous serions plus rapprochés d'elle ; que les goûts qu'elle nous inspire seroient moins dépravés par les préjugés ; qu'il y auroit plus de mariages formés par l'amour ; plus de fidélité dans un engagement

gagement, dont le goût & la liberté auroient cimenté les liens ; plus d'union, de paix & de religion dans les familles ; plus de pureté dans la masse des mœurs ; plus de stabilité & de repos dans l'Etat, & conséquemment moins de désordres dans la société, moins de meurtres, moins de crimes en tous genres, une population plus nombreuse ; enfin plus d'hommes heureux. Heureux, mille fois heureux, moi-même, d'avoir contribué au bonheur des autres, & de m'être acquitté, par-là, de la portion de service qu'il incombe à tout citoyen honnête homme de rendre à ses semblables, avant de descendre, en paix & sans regret, au tombeau !

*FIN.*

# TABLE

## *DES CHAPITRES.*

Fin de la Table des Chapitres.

www.ingramcontent.com/pod-product-compliance
Ingram Content Group UK Ltd.
Pitfield, Milton Keynes, MK11 3LW, UK
UKHW022102260726
13993UKWH00001B/271